전 세계를 돌며
야생을 탐험하는 놀라운 여행

# 멸종 위기 동물 아틀라스

ENDANGERED ANIMALS ATLAS

톰 잭슨 글 | 샘 콜드웰 그림 | 윤종은 옮김

책세상
어린이

# 멸종 위기 동물 아틀라스

초판 1쇄 발행 2024년 2월 26일

톰 잭슨 글 | 샘 콜드웰 그림 | 윤종은 옮김

펴낸이 김준성  펴낸곳 책세상어린이
등록 2021년 1월 22일 제2021-000032호
주소 서울시 마포구 동교로23길 27, 3층(03992)
전화 02-704-1251  팩스 02-719-1258
이메일 editor@chaeksesang.com
광고·제휴 문의 creator@chaeksesang.com
홈페이지 chaeksesang.com
페이스북 /chaeksesang 트위터 @chaeksesang
인스타그램 @chaeksesang 네이버포스트 bkworldpub

ISBN 979-11-7131-096-8 74000
ISBN 979-11-5931-844-3 (세트)

• 잘못되거나 파손된 책은 구입하신 서점에서 교환해 드립니다.
• 책값은 뒤표지에 있습니다.
• 책세상어린이는 도서출판 책세상의 아동·청소년 브랜드입니다.
• 7세 이상의 어린이에게 적합한 도서입니다. Printed in Korea

Endangered Animals Atlas: A journey across the world and into the wild
©2023 Quarto Publishing plc.
Text ©2023 Tom Jackson
Illustrations ©2023 Sam Caldwell
First published in the UK in 2023 by words & pictures, an imprint of The Quarto Group
All rights reserved.
Korean language edition ©2024 by Chaeksesang Pub. Co.
Korean translation rights arranged with The Quarto Group, via EntersKorea Co., Ltd., Seoul, Korea.

이 책의 한국어판 저작권은 (주)엔터스코리아를 통해 저작권사와 독점 계약한 책세상에 있습니다.
저작권법에 의해 한국 내에서 보호를 받는 저작물이므로 무단 전재와 복제를 금합니다.

**PICTURE CREDITS**
Dreamstime: P8bl Stefan Rotter, P16bl Slowmotiongli, P18bl Wirestock, P20bl Lada LacinAj, P22bl David Butler, P24bl Nastypenguin, P30bl Musat Christian, P34bl Gueret Pascale, P36bl Bekir.ugur photography Ugur, P38bl Slowmotiongli, P42bl Bayazed, P44bl Ben Mcrae, P48bl Oleksii Kriachko, P50bl Planetfelicity, P54bl Cherokee4, P60bl Thilak Indira Senavirathne. Getty: P10bl Eric CHRETIEN, P12bl Dinodia Photo, P14bl Anup Shah, P26bl Kevin Schafer, P28bl Elizabeth W. Kearley, P32bl Mark Fox.

# 차례

| | |
|---|---|
| 들어가며 | 4 |
| 동물은 왜 멸종 위기에 빠질까요? | 6 |
| 유라시아 스텝 | 8 |
| 히말라야산맥 | 10 |
| 인도 | 12 |
| 인도네시아 열대 우림 | 14 |
| 인도양 | 16 |
| 유칼립투스 숲 | 18 |
| 아웃백 | 20 |
| 뉴질랜드 | 22 |
| 태평양 | 24 |
| 하와이 | 26 |
| 갈라파고스 제도 | 28 |
| 안데스산맥 | 30 |
| 아마존 분지 | 32 |
| 대서양림 | 34 |
| 대서양 | 36 |
| 콩고 분지 | 38 |
| 마다가스카르 | 40 |
| 아프리카 사바나 | 42 |
| 사하라사막 | 44 |
| 지중해 서부 | 46 |
| 유럽의 원시림 | 48 |
| 북극 해빙 | 50 |
| 디프사우스 | 52 |
| 멕시코 | 54 |
| 미국 서부 | 56 |
| 멸종한 동물들 | 58 |
| 환경 보호 | 60 |
| 용어 사전 | 62 |
| 찾아보기 | 64 |

세계를 돌면서 희귀한 동물들을 찾으러 가요.
멸종 위기에 빠진 동물들을 보호하려면
서둘러야 해요!

# 들어가며

지구에는 수백만 종의 생물이 살아요. 우리가 셀 수 없을 만큼 다양하지요. 그런데 그 가운데 많은 종이 멸종 위기에 빠져 있어요. 곧 완전히 없어질지 모른다는 뜻이에요. 생물은 마지막 남은 개체가 죽으면 멸종하고, 멸종한 생물은 지구에서 영영 사라져요. 우리의 도움이 필요한 멸종 위기 동물을 만나러 세계 여행을 떠나 볼까요? 우리는 멸종 위기 동물들이 어떤 위험과 문제를 겪는지 알아보고, 어떻게 하면 동물들을 보호할 수 있을지 배울 거예요.

## 생물은 지구 어디에나 있어요

지구에는 정말로 다양한 생물이 살아요. 이것은 지구의 큰 장점이에요. 그래서 지구에는 식물과 동물, 그 밖의 다른 생물들이 가득하지요. 여러분은 어디를 가든 그곳에 적응해서 사는 동물을 만날 수 있어요. 때로는 다른 곳에서 볼 수 없는 동물도 있지요. 이 동물들은 그 지역의 특별한 환경에서 살아갈 수 있게 진화했어요. 그렇게 진화한 덕분에 어떤 동물은 어두컴컴한 바다 밑의 뜨거운 화산 분화구에서도 살 수 있어요. 또 어떤 동물은 눈과 얼음으로 덮인 높은 산에 살기도 해요. 열대 우림에서는 나무 한 그루에 수천 종의 생물이 북적북적 모여 살기도 한답니다.

## 종이란 무엇일까요?

지구에는 약 900만 종의 동식물이 살아요. 생김새가 아주 비슷하고(완전히 똑같지는 않아요) 같은 방식으로 살아가는 생물을 묶어서 '종'이라고 부른답니다. 무엇보다도 같은 종끼리는 '번식'을 할 수 있어요. 자신과 꼭 닮은 모습으로 자라는 새끼를 낳을 수 있다는 뜻이지요.

## 일반종과 특수종

생물은 어마어마하게 다양하지만, 쉽게 사라지기도 한답니다. 동물들은 언제든 멸종 위기에 빠질 수 있어요. 어떤 동물은 다양한 서식지에 적응할 수 있는 생활 방식을 가지고 있어서, 어디서든 먹이를 찾을 수 있지요. 이런 동물을 '일반종'이라고 해요. 생쥐, 시궁쥐, 라쿤, 여우는 모두 일반종이에요. 이 동물들은 인간과 함께 전 세계로 퍼졌어요(때로는 우연히 인간을 따라오기도 했지요). 하지만 많은 동물이 일반종이 아니에요. 동물들은 대부분 특정 서식지에서 살도록 진화했어요. 이런 동물을 '특수종'이라고 해요. 서식지가 바뀌고 파괴되거나 새로운 일반종이 들어와 서식지를 빼앗으면 특수종은 살 곳을 잃어버려요. 우리가 도와주고 보호하지 않으면 이 동물들은 멸종하고 말 거예요.

## 적색 목록

세계자연보전연맹(IUCN)은 환경 보호 활동가들이 만든 국제 조직이에요. 이 조직은 전 세계의 희귀한 동물들을 관찰하면서 '적색 목록'을 만들어요. 적색 목록이란 전 세계에 있는 멸종 위기에 놓인 야생 생물종의 목록이에요. 적색 목록에서는 생물종을 멸종 가능성에 따라서 다음과 같이 분류해요.

- **정보 부족(DD)**: 개체가 얼마나 남았는지 알 수 없음.
- **최소 관심(LC)**: 멸종 위기가 아님.
- **준위협(NT)**: 머지않아 멸종 위기에 빠질 수 있고, 몇몇 지역에서는 이미 멸종 위기에 있음.
- **취약(VU)**: 멸종할 가능성이 높음.
- **위기(EN)**: 멸종할 가능성이 매우 높음.
- **위급(CR)**: 야생에서는 곧 멸종할 것.
- **야생 절멸(EW)**: 동물원이나 식물원에만 살아 있음.
- **절멸(EX)**: 모든 개체가 사라짐.

# 동물은 왜 멸종 위기에 빠질까요?

지구에 사는 동물과 여러 생물은 공격을 받고 있어요. 바로 인간에게서요! 인간의 활동이 이들의 서식지를 바꾸고, 전 세계의 야생 동물이 자연에서 이루는 균형을 깨트리고 있어요. 동물들은 이런 변화에 적응하기 어렵기 때문에 멸종 위기에 빠지는 거랍니다.

## 진화

우리는 지구에서 어마어마하게 다양한 생물을 만날 수 있어요. 이 생물들은 수십억 년에 걸쳐서 지금과 같은 모습이 되었어요. '자연 선택'에 따른 진화를 거쳤기 때문이지요. 자연 선택이란 특정 서식지에서 잘 적응하는 생물이 잘 살아남는다는 말이에요. 적응을 잘한 생물은 빨리 자라고 건강하게 지내면서 자손을 많이 남길 수 있어요. 하지만 잘 적응하지 못한 생물은 자손을 남기지 못한 채 죽고 말지요. 서식지의 환경에 따라 살아남는 개체와 살아남지 못하는 개체가 달라져요. 이것이 바로 자연 선택이랍니다. 건강하고 튼튼한 개체의 자손은 부모처럼 생존에 유리한 특징을 가지고 태어나요. 이런 특징은 여러 세대를 거치면서 종 전체로 퍼지지요. 이렇게 자연 선택의 과정을 거쳐 종 전체가 진화하는 거예요. 문제는 오늘날 인간이 너무 빠르고 많은 변화를 일으킨다는 거예요. 인간이 일으킨 변화를 따라잡을 만큼 빨리 진화하지 못하면 어떤 생물이든 멸종할 수 있어요!

## 서식지 파괴

동물들이 가장 흔히 겪는 위협은 인간이 땅을 다른 용도로 쓰기 위해 자연 서식지를 없애는 거예요. 가장 쉬운 예가 땅을 농경지로 만드는 일이지요. 인간은 논밭에서 농사를 짓고, 초원에서 가축을 키우고, 농장에서 과일이나 목재를 생산하기 위해 땅을 농경지로 만들어요. 그 과정에서 숲이나 습지처럼 다양한 생물이 사는 귀중한 자연 서식지가 파괴되곤 한답니다.

## 침입종

동물과 식물들은 보통 작은 지역 안에서만 살아요. 지금 우리가 세계 어디서나 볼 수 있는 동물들이 처음부터 그곳에 살았던 건 아니에요. 인간은 수백 년 동안 동물들을 전 세계로 퍼뜨렸어요. 때로는 일부러 동물들을 다른 곳으로 데려갔지만, 우연히 퍼진 동물도 있지요(예를 들어 시궁쥐는 배에 몰래 타서 인간을 따라 이동했어요). 그렇게 해서 전 세계로 퍼진 동물은 대부분 시궁쥐, 염소, 개, 토끼 같은 일반종이에요. 이 동물들은 어디에 가든 서식지를 차지해요. 일반종은 먹이와 살 곳을 두고 원래 그 지역에 살던 동물들과 경쟁하며, 늘 경쟁에서 승리해요. 그러면 침입한 종은 잘 살아남지만, 그 지역에 살던 종은 멸종 위기에 빠진답니다.

# 기후 변화

서식지는 기후와 깊은 관련이 있어요. 예를 들어 사막은 건조한 곳에 생기고, 숲은 비가 많이 오는 곳에 생기고, 툰드라는 아주 추운 곳에 생기지요. 그런데 기후 변화로 지구가 점점 따뜻해지면서 비가 내리는 지역과 시기가 달라지고 있어요. 그러면서 전 세계에 있는 서식지의 위치가 바뀌고, 어떤 서식지는 사라지기도 해요. 동물 중에는 새로운 서식지를 찾아 이동하는 동물도 있지만, 그렇지 못한 동물도 있어요. 서식지를 찾아 떠나지 못하는 동물은 살아남기가 더 어려울 거예요.

## 사냥

맹수처럼 몸집이 큰 포식자도 멸종 위기에 빠지곤 해요. 이들과 같은 지역에 사는 사람들이 그런 동물들을 무서워해서 죽이기 때문이지요. 어떤 지역에서는 사람들이 야생 동물을 사냥해 잡아먹기도 한답니다. 사람들이 먹을 것을 얻기 위해 사냥할 때는 그렇게 많이 죽이지 않기 때문에 동물이 멸종 위기에 빠지는 일이 드물어요. 하지만 잡은 동물을 다른 지역에 팔 수 있다면, 사람들은 최대한 많은 동물을 사냥하려 할 거예요. 예를 들어 어떤 지역에서는 원숭이와 유인원을 잡아 고기로 팔거나 호랑이의 이빨이나 코뿔소의 뿔 같은 부위를 수집가에게 팔아요.

# 유라시아 스텝

유라시아 스텝은 바다처럼 드넓은 초원으로, 세계에서 가장 큰 땅덩어리 한가운데 있어요. 이곳은 사방이 바다와 멀리 떨어져 있어서 비구름이 잘 오지 않아요. 비가 내리지 않으면 나무가 거의 자라지 않지만, 그 대신 순식간에 돋아나는 풀이 땅을 뒤덮는답니다. 이곳에는 동물이 먹을 풀이 많지만, 숨을 곳이 별로 없어요. 그래서 스텝에 사는 동물은 몸집이 아주 크거나, 아주 작거나, 아니면 엄청나게 빨리 도망칠 수 있어야 해요!

## 유럽햄스터

햄스터는 땅굴을 파는 작은 설치류예요. 여러분은 햄스터가 '멸종 위급 단계'라고 하면 이상하다고 생각할 거예요. 전 세계에서 수백만 마리의 햄스터를 반려동물로 키우니까요! 하지만 유럽햄스터는 우리가 아는 햄스터와 다른 야생 동물이에요. 유럽햄스터는 몸길이가 30센티미터쯤 돼서 반려동물로 키우는 햄스터보다 훨씬 크답니다. 최근 몇 년 동안 야생 햄스터의 숫자가 크게 줄어들었지만, 정확한 이유는 알 수 없어요. 농장에서 나온 오염물 때문일 수도 있고, 기후 변화로 초원이 너무 뜨거워져서 그런 것일 수도 있어요.

## 살 곳을 잃은 초원의 동물들

유라시아 스텝은 어마어마하게 넓은 초원이지만, 여우나 야생말 같은 동물들이 살 곳이 사라지고 있어요. 사람들이 많은 땅을 농경지로 만들어 곡식을 기르거나 소 떼를 풀어 키우기 때문이지요. 농부들은 농작물을 먹거나 가축을 공격하는 야생 동물을 죽여요. 그리고 밀렵꾼들은 고기와 가죽을 얻기 위해 사람이 살지 않는 곳까지 들어가서 몸집이 큰 동물을 사냥해요.

## 큰코영양

한때는 거대한 큰코영양 떼가 초원을 돌아다녔어요. 하지만 이 특이하게 생긴 영양은 지난 100년 동안 질병과 밀렵 탓에 개체 수가 크게 줄었어요. 몸집이 큰 수컷 큰코영양은 특이한 모양의 뿔을 가졌는데, 사람들은 이 뿔을 얻기 위해 큰코영양을 죽였어요. 중국 전통 의학에서 이 뿔을 약으로 쓰기 때문이지요. 사람들이 큰코영양을 마구 죽이면서 큰코영양은 제대로 번식을 할 수 없게 되었고, 10년 전에는 전 세계에 있는 큰코영양의 수가 12만 마리까지 줄어들었어요. 하지만 밀렵을 막고 큰코영양을 보호하기 시작하면서 큰코영양의 수가 늘어났지요. 언젠가는 거대한 큰코영양 떼가 대초원으로 다시 돌아올지도 몰라요!

## 쌍봉낙타

유라시아 스텝은 1년 내내 건조해요. 쌍봉낙타가 사는 히말라야산맥 북쪽의 초원이 특히 건조하지요. 인간은 혹이 두 개 달린 낙타를 6000년 전부터 키우고 이용했어요. 하지만 친척인 야생쌍봉낙타는 이제 지구에 1000마리도 남지 않은 희귀한 종이에요. 사람들은 주로 고기를 얻기 위해 야생쌍봉낙타를 사냥해요. 이제 야생쌍봉낙타가 안전하게 지낼 수 있는 곳은 중국과 몽골의 자연 보호 구역뿐이에요.

유라시아 스텝

수컷 큰코영양들이 뿔을 부딪히며 싸우고 있어요.

- **이름:** 큰코영양
- **학명:** 사이가 타타리카
- **몸길이:** 1~1.5m
- **몸무게:** 30~45kg
- **먹이:** 풀, 작은 식물
- **수명:** 10년
- **개체 수:** 80만 마리
- **주요 위협:** 밀렵
- **상태:** 준위협

## 커다란 콧구멍

큰코영양의 커다란 콧구멍은 거대한 큰코영양 떼가 메마른 초원을 지날 때 날아오는 먼지를 거르는 역할을 해요. 또 큰코영양의 코는 추운 겨울에 들이마시는 찬 공기를 데우는 역할도 한답니다. 예전에 전문가들은 큰코영양을 염소의 한 종류로 보았지만, 지금은 아프리카에서 건너온 영양의 친척이라고 생각해요. 큰코영양은 유라시아 스텝에서 나는 100여 종의 식물을 먹는데, 그중에는 다른 초식 동물이 먹으면 해로운 식물도 있다고 해요.

# 히말라야산맥

**세**계에서 가장 높은, 인도와 중국 티베트 사이에 있는 히말라야산맥은 중앙아시아를 거대한 벽처럼 가로질러요. 산맥 높은 곳의 공기는 늘 희박하면서도 차가워요. 또 쌩쌩 부는 바람은 수분을 날려버리지요. 그런데 히말라야산맥에는 희귀한 동물이 많이 살아요. 그중에는 곰, 야생소의 한 종류인 야크, 토끼의 친척인 우는토끼 등이 있어요. 히말라야산맥은 원래도 동물이 살기 힘든 곳인데, 인간의 활동 때문에 자연 서식지가 점점 줄어들고 있답니다.

## 불법 사냥

눈표범은 아주 희귀한 동물이지만, 이들이 사는 지역의 사람들은 때로 눈표범이 가축을 잡아먹을까 봐 걱정해서 눈표범을 죽여요. 또 눈표범의 털과 뼈를 얻으려는 밀렵꾼들 때문에 해마다 약 400마리의 눈표범이 죽임을 당해요. 눈표범의 뼈는 지역에서 전통 약을 만드는 데 쓰여요.

## 서식지를 빼앗는 농부들

히말라야산맥에 사는 동물들에게 가장 큰 위협은 산을 이용하는 사람들이에요. 사람들은 산에서 닭, 염소, 양 같은 가축을 키워요. 양 떼가 식물을 먹어 치우면 들쥐, 다람쥐, 산양 같은 야생 동물이 먹을 것이 없어요. 히말라야불곰 같은 큰 맹수는 가축을 공격하다가 농부들에게 죽임을 당하기도 해요.

- **이름:** 눈표범
- **학명:** 판테라 운키아
- **몸길이:** 1~1.3m
- **몸무게:** 25~75kg
- **먹이:** 야생 양
- **수명:** 18년
- **개체 수:** 성체 약 3000마리
- **주요 위협:** 밀렵, 사냥
- **상태:** 취약

## 마코르

마코르는 멋진 생김새를 가진 야생 염소예요. 현재 야생에 사는 마코르는 5000마리밖에 남지 않았어요. 마코르의 수컷은 암컷보다 몸집이 두 배 크고, 나선 모양으로 휘감긴 근사한 뿔을 가지고 있어요. 그런데 안타깝게도 사냥꾼들은 이 뿔을 떼어 장식품으로 삼으려고 마코르를 죽였지요. 지난 50년 동안 마코르의 수는 빠르게 줄어들었어요. 현재 남아 있는 마코르들은 야생 동물 보호 구역에서 철저하게 보호받으며 살고 있답니다.

**히말라야산맥**

## 레서판다

이 작고 귀여운 동물은 이름과 다르게 우리가 아는 판다의 친척이 아니에요. 레서판다는 사실 라쿤, 스컹크와 더 가까운 종이랍니다. 하지만 레서판다도 판다처럼 대나무를 잔뜩 먹어요. 그래서 레서판다는 산에서도 대나무가 많은 숲에만 살아요. 사람들이 나무를 베고 밭을 만들기 위해 숲을 없애면서 레서판다의 서식지는 점점 사라지고 있어요. 야생에 레서판다가 얼마나 남았는지 정확히 알 수는 없지만, 레서판다의 수는 계속 줄어들고 있어요.

## 눈표범

눈표범은 중앙아시아와 남아시아의 추운 산에 사는 커다란 고양잇과 동물이에요. 눈표범은 다른 고양잇과 동물들과 비교하면 발이 아주 커요. 큰 발 덕분에 눈 속에 깊이 빠지지 않고 눈 위를 걸어 다닐 수 있답니다. 눈표범은 이름과 다르게 가파른 산비탈에 있는 바위틈에서 사냥을 하며 대부분의 시간을 보내요. 눈표범의 털에 난 회색빛 점박이 무늬는 훌륭한 위장 수단이에요. 또 몸통만큼이나 긴 꼬리는 이 바위 저 바위를 뛰어다니면서 먹잇감을 잡을 때 균형을 잡도록 도와줘요.

**눈표범은 멀리뛰기 세계 기록을 가진 동물이에요. 한 번에 15미터나 뛰어넘을 수 있답니다!**

# 인도

인도는 어마어마하게 많은 종의 생물이 사는 나라예요. 인도에는 다른 나라들보다 훨씬 많은 식물과 동물 종이 있어요. 전 세계 포유류의 약 9퍼센트, 파충류의 8퍼센트, 조류의 14퍼센트는 인도에서만 볼 수 있답니다. 그런데 인도에 사는 많은 생물이 멸종 위기에 빠져 있어요. 환경 오염으로 서식지가 파괴되거나 망가지기 때문이에요. 인도에서는 야생 동물 보호 구역 500곳을 만들어 1370개의 멸종 위기 종을 보호하고 있어요.

## 인도독수리

예전에는 목이 긴 인도독수리를 쉽게 볼 수 있었어요. 인도독수리들은 먹이를 찾아서 하늘 높이 날아다니곤 했지요. 인도독수리는 죽은 동물을 먹어서 치우는 일을 잘했어요. 하지만 지난 20년 동안 인도독수리 수백만 마리가 죽었고, 이제 야생에는 수천 마리밖에 남지 않았어요. 문제는 사람들이 소와 물소에게 먹인 약이에요. 이 동물들의 몸에는 죽은 뒤에도 약이 남아 있었어요. 그래서 죽은 동물의 고기를 먹는 독수리들이 약에 중독되고 말았지요. 인도에서는 이제 이 약을 금지했지만, 인도독수리들이 다시 하늘을 날아다니려면 오랜 시간이 걸릴 거예요.

## 황무지가 위험해요

인도에는 사막과 높은 산, 습지, 열대 우림 등 다양한 서식지가 있어요. 그래서 인도에는 다른 곳에서는 보기 힘든 생물종이 많답니다. 그런데 인도는 세계에서 인구가 가장 많은 나라이기도 해요. 인도의 인구는 14억 명이나 돼요. 사람들이 숲을 없애고 동물을 사냥하고 강물을 오염시키면서 많은 서식지가 파괴되고 있어요.

## 값비싼 사냥감

벵골호랑이는 야생 동물 보호 구역 밖에서는 보기 힘든 동물이에요. 호랑이들은 때로 가축을 공격하다가 사람들에게 죽임을 당해요. 밀렵꾼들은 호랑이를 잡아서 이빨이나 가죽 같은 몸 부위를 수집가들에게 팔아요. 야생 호랑이를 사냥해서 파는 일은 불법이지만, 큰돈을 벌 수 있지요. 인도에서는 호랑이를 보호하려 노력하고 있지만, 벵골호랑이의 수는 지난 20년 동안 절반으로 줄었어요.

벵골호랑이는 수영을 잘해요. 집에서 기르는 고양이와 다르게 물을 무서워하지 않는답니다!

## 가비알

가비알은 크로커다일의 친척인 악어예요. 가비알은 한때 인도의 큰 강 곳곳에 살았지만, 이제 야생에는 650마리밖에 남지 않았지요. 가비알은 넓은 강 한가운데 있는 모래벌판에 살아요. 그런데 사람들이 배를 타고 강을 더 쉽게 건너고 홍수를 막기 위해 강에다 댐을 지었어요. 가비알이 살던 특별한 서식지는 대부분 강물에 잠기고 말았어요.

인도

## 벵골호랑이

인도는 벵골호랑이의 고향이에요. 벵골호랑이는 육지에 사는 포식자 중에서도 몸집이 크고 사나운 편이에요. 남아시아와 동아시아에는 여러 종류의 호랑이가 살지만, 모두 멸종 위기 상태예요. 그중에서도 인도가 고향인 아종을 벵골호랑이라고 부른답니다. 벵골호랑이는 인도뿐 아니라 주변 국가인 네팔, 부탄, 방글라데시에도 있어요. 습지나 숲에서 혼자 살지요. 벵골호랑이는 줄무늬가 있는 털 덕분에 키가 큰 풀 사이에 숨어서 사슴 같은 먹잇감에 살금살금 다가갈 수 있어요. 그런 다음 번개처럼 빠르게 먹잇감을 덮쳐서 바닥에 쓰러뜨리고, 목을 물어뜯어 한 번에 으스러뜨리지요.

- **이름:** 벵골호랑이
- **학명:** 판테라 티그리스 티그리스
- **몸길이:** 2~3.5m
- **몸무게:** 91~270kg
- **먹이:** 사슴, 멧돼지
- **수명:** 10년
- **개체 수:** 1400마리
- **주요 위협:** 밀렵, 서식지 파괴
- **상태:** 위기

# 인도네시아 열대 우림

인도네시아는 1만 7000개의 섬으로 이루어진 나라예요. 그중에는 수마트라섬, 자바섬, 보르네오섬처럼 아주 큰 섬들도 있지요. 산이 많은 이 섬들은 열대 우림으로 덮여 있어요. 숲이 울창한 열대 우림은 생명이 가득한 곳이에요. 인도네시아에 사는 포유류와 조류 가운데 3분의 1은 지구의 다른 곳에서는 볼 수 없는 종이랍니다. 인도네시아는 우람한 몸집을 자랑하는 코모도왕도마뱀과 화려한 깃털을 가진 극락조의 고향이기도 해요. 그런데 사람들이 숲을 없애면서 희귀한 야생 동물들이 위험해졌어요. 인도네시아에서는 세계 어느 지역보다 빠른 속도로 숲이 사라져서 많은 동물이 멸종 위기에 빠져 있어요.

## 검정짧은꼬리원숭이

과일을 주로 먹는 검정짧은꼬리원숭이는 인도네시아 중앙부에 있는 술라웨시섬에 살아요. 지난 30년 동안 술라웨시섬의 인구가 늘어나면서 검정짧은꼬리원숭이의 수는 5분의 1로 줄었어요. 이제 섬에 사는 검정짧은꼬리원숭이는 5000마리뿐이에요. 사람들은 고기를 얻기 위해 이 원숭이들을 사냥하고, 숲의 서식지를 작게 갈라놓았어요. 그래서 원숭이들이 무리 지어 살 곳이 사라졌어요. 인도네시아에서는 검정짧은꼬리원숭이 일부를 술라웨시섬에서 멀리 떨어진 바칸섬으로 옮겨 보호하고 있답니다.

## 팜유 농장

인도네시아 열대 우림을 위협하는 큰 문제는 팜유 농장이에요. 팜유는 식품, 비누, 샴푸를 만들 때 쓰는 기름이에요. 팜유는 열대 우림의 따뜻하고 습한 환경에서 자라는 기름야자 나무의 열매로 만들어요. 그런데 기름야자 나무를 키우려면 다른 나무가 있는 숲을 없애야 하기 때문에 많은 동물이 살 곳이 같이 사라지지요. 인도네시아에서는 지난 20년 동안 숲의 5분의 1이 사라졌답니다. 인도네시아 정부는 더 많은 숲이 사라지는 것을 막기 위해 노력하지만, 사람들은 계속 팜유 농장을 만들고 있어요.

## 수마트라코뿔소

인도네시아에도 코뿔소가 산다는 이야기를 들으면, 여러분은 아마 깜짝 놀랄 거예요. 사람들은 보통 코뿔소는 아프리카의 초원에 산다고 생각하지만, 아시아에 사는 코뿔소도 3종이 있어요. 털이 덥수룩한 수마트라코뿔소는 아시아에 사는 코뿔소 가운데 몸집이 가장 작고, 희귀한 종이에요. 수마트라섬과 보르네오섬의 숲에는 야생 수마트라코뿔소가 30마리밖에 남지 않았어요.

## 은색긴팔원숭이

은색긴팔원숭이는 이름과 다르게 원숭이가 아니라 유인원이에요. 긴팔원숭이와 고릴라, 인간 같은 유인원들은 꼬리가 없다는 점이 특징이랍니다. 긴팔원숭이는 동남아시아 곳곳의 열대 우림에서 작은 가족을 이루어 살아요. 열대 우림에서는 긴팔원숭이들이 긴 팔로 나무를 타고 다니는 모습을 볼 수 있지요. 그중에서도 은색긴팔원숭이는 인도네시아의 자바섬에 살아요. 그런데 사람들이 은색긴팔원숭이의 새끼를 빼앗아 반려동물로 팔면서 멸종 위기에 빠졌어요.

**인도네시아 열대 우림**

## 뿔을 노리는 사냥꾼들

수마트라코뿔소도 다른 코뿔소들처럼 코끝에서 날카로운 뿔이 자라요. 어떤 사람들은 코뿔소 뿔로 만든 가루에 신비한 효능이 있다고 생각해요. 그래서 밀렵꾼들은 뿔을 노리고 인도네시아의 많은 코뿔소를 사냥해서 죽였어요. 현재 인도네시아에서는 수마트라코뿔소를 보호하고 있어요. 안전을 위해 대부분이 동물원에 살아요.

- **이름:** 수마트라코뿔소
- **학명:** 디케로리누스 수마트렌시스
- **몸길이:** 2.3~3.2m
- **몸무게:** 800~2000kg
- **먹이:** 나뭇잎, 나뭇가지, 과일
- **수명:** 35년
- **개체 수:** 30마리
- **주요 위협:** 밀렵, 서식지 파괴
- **상태:** 위급

어떤 사람들은 유니콘에 관한 전설이 인도네시아 정글에 사는 코뿔소를 보고 만들어졌다고 생각해요.

# 인도양

인도양은 아프리카, 오스트레일리아, 아시아 대륙과 남극 대륙이 둘러싼 바다예요. 이렇게 여러 대륙에 둘러싸인 지리적 특성 때문에 바다 깊은 곳에 있는 차가운 물이 바다 위로 자주 올라와요. 이 물에는 플랑크톤이 먹을 영양분이 가득하답니다. 플랑크톤은 아주 작은 생물로, 바다의 먹이 사슬에서 가장 아래 있어요. 반대로 먹이 사슬의 꼭대기에는 상어나 고래 같은 생물이 있지요. 인도양에는 500종이 넘는 멸종 위기종이 살아요. 대부분 환경 오염, 기후 변화, 남획 때문에 위험에 빠져 있지요. 사람들은 멸종 위기종을 보호하기 위해 해양 보호 구역을 만들어서 큰 배가 지나다닐 수 없게 하고, 고기잡이를 엄격하게 통제해요.

## 실러캔스

실러캔스는 '살아 있는 화석'이라 불려요. 수백만 년 전에 멸종했다고 생각했는데 1938년에 인도양에서 실러캔스 한 마리가 발견되었고, 수백만 년 동안 모습이 거의 변하지 않았기 때문이지요. 실러캔스는 '육기어류'에 속해요. 지느러미에 굵은 뼈가 있는 물고기라는 뜻이에요. 실러캔스의 조상은 지느러미를 다리처럼 사용하도록 진화했고, 육지로 올라와 최초의 네발 동물이 되었어요. 그러니까 실러캔스는 인간과도 관계가 있다는 말이에요!

현재 남아 있는 실러캔스들은 지느러미를 사용해 바다 밑바닥을 '걸어' 다니면서 작은 물고기를 잡아먹어요. 깊은 바닷속에 사는 만큼 우리가 보기는 힘들지만, 가끔 그물을 내려 바다 깊은 곳까지 훑는 고기잡이배에 잡히기도 해요. 바닷속에 실러캔스가 얼마나 많은지 알 수 없지만, 물고기를 마구 잡으면 실러캔스도 사라질 거예요.

## 망가지기 쉬운 서식지

듀공은 산호초가 있는 바다에서 무리 지어 생활해요. 그런데 듀공의 서식지는 관광객이 즐겨 찾는 바닷가이기도 해, 그 근처 지역이 개발되면서 듀공이 먹이를 찾는 곳이 망가지고 있어요. 사람들은 하수와 오염물을 버리고 건물을 지으면서 바닷가와 습지의 자연을 파괴해요. 게다가 듀공은 얕은 물에서 헤엄을 치기 때문에 보트와 부딪혀 사고를 당하기도 해요. 듀공을 비롯한 여러 동물은 맹그로브 숲이 있는 물에 살기 때문에 현재는 맹그로브 숲을 철저히 보호하고 있답니다.

듀공은 보트의 프로펠러에 걸려 다치는 일이 많아요.

# 남획

인도양 주변에는 수억 명이 살고, 수많은 사람이 인도양에서 잡은 물고기를 먹어요. 인도양 곳곳에서는 커다란 배들이 지나다니며 엄청나게 많은 물고기를 잡아요. 물고기 같은 동물을 마구 잡는 것을 '남획'이라고 해요. 이렇게 어부들이 물고기를 너무 많이 잡으면 펭귄과 바다표범 같은 바다 동물들이 먹이를 먹지 못할 거예요. 또 고기잡이배들이 던진 그물에 돌고래나 상어 같은 동물들이 걸려들기도 해요. 이처럼 어부들이 원하지 않는 바다 동물이 잡히는 일을 '부수 어획'이라고 해요. 그물에 걸린 동물은 보통 풀어 주기도 전에 그물에서 죽고 말아요.

인도양

### 듀공

듀공은 인도양과 태평양의 따뜻하고 얕은 해안과 맹그로브 숲에 살아요. 듀공과 비슷한 동물로는 대서양에 사는 매너티가 있어요. 듀공과 매너티는 바다표범이나 쇠돌고래와 비슷하게 생겼지만, 가장 가까운 친척은 코끼리예요. 듀공과 매너티는 '바다소'라고도 불린답니다. 초원에서 풀을 뜯는 소처럼 따뜻하고 맑은 물속에서 자란 해초를 뜯어 먹기 때문이에요.

- **이름:** 듀공
- **학명:** 듀공 듀곤
- **몸길이:** 2.4~4m
- **몸무게:** 230~400kg
- **먹이:** 해초
- **수명:** 70년
- **개체 수:** 1만 마리
- **주요 위협:** 고기잡이 그물, 환경 오염
- **상태:** 취약

# 유칼립투스 숲

오스트레일리아의 숲에는 여러 종의 유칼립투스 나무가 있어요. 그중에는 키가 무려 100미터까지 자라는 종도 있지요. 유칼립투스 나무들은 보통 1년 내내 잎이 가득해요. 유칼립투스 잎에는 냄새나고 맛없는 기름이 들어 있어서 동물들이 잘 먹지 않아요. 그런데 오스트레일리아에는 코알라, 포섬처럼 유칼립투스 잎을 먹도록 진화한 동물들이 있답니다. 이제 이 동물들은 유칼립투스 잎 말고 다른 것은 먹지 않아요. 그런데 오스트레일리아의 유칼립투스 숲은 거의 절반이 사라졌고, 남아 있는 숲도 대부분 인간의 활동으로 바뀌고 있어요. 유칼립투스 숲에 의지해 사는 동물들이 먹이와 살 곳을 잃고 있어요.

## 호금조

호금조는 깃털이 아름답고 고운 소리로 지저귀는 작은 새예요. 호금조는 수는 지난 몇 년 동안 계속 줄어들었지만, 아직까지 멸종될 위험은 적어 보여요. 하지만 야생에 남은 성체 호금조는 2400마리밖에 없어요. 사람들이 호금조를 잡아 반려동물로 팔면서 수가 많이 줄어들었지요. 서식지 파괴와 산불도 호금조를 위협하는 문제예요.

## 북부쿠올

오스트레일리아에 사는 쿠올은 '주머니고양이'라고도 불려요. 하지만 쿠올은 고양이보다는 코알라나 캥거루와 더 가까워요. 쿠올은 한밤중에 숲을 살금살금 돌아다니며 자기보다 몸집이 작은 동물을 잡아먹어요. 그런데 진짜 고양이들이 오스트레일리아에 들어오면서 쿠올의 수가 많이 줄어들었어요. 쿠올은 고양이와 먹이를 놓고 경쟁하면 이길 수 없기 때문이에요. 그중에서도 북부쿠올은 사탕수수두꺼비를 사냥하기 때문에 특히 위험해요. 사탕수수두꺼비는 강력한 독을 내뿜어서 두꺼비를 잡아먹은 쿠올이 죽을 수 있거든요. 북부쿠올은 2000년부터 지금까지 그 수가 4분의 1로 줄어들었어요.

- **이름:** 코알라
- **학명:** 파스콜락토스 시네레우스
- **몸길이:** 70~80cm
- **몸무게:** 5~11kg
- **주식:** 유칼립투스 잎
- **수명:** 13년
- **개체 수:** 약 30만 마리
- **주요 위협:** 서식지 파괴
- **상태:** 취약

## 산불

유칼립투스 나무와 잎에는 기름이 있어서 불에 잘 타요. 그리고 오스트레일리아의 건조한 숲에서는 산불이 자주 나지요. 유칼립투스 나무는 불이 난 뒤에도 새싹이 빨리 자라는 데다가 유칼립투스의 씨앗은 뜨거운 열에 잘 견뎌요. 하지만 기후 변화로 숲이 더 건조해지면서 큰 산불이 일어나기 쉬운 환경으로 변화했어요. 산불이 크게 날수록 숲이 다시 울창해지는 데 시간이 오래 걸려요. 게다가 산불은 눈 깜짝할 사이에 멀리까지 번지지요. 그래서 산불이 나면 숲에 사는 동물들은 안전하게 도망칠 곳을 찾지 못해 죽고 말아요.

유칼립투스 숲

## 코알라

코알라는 오스트레일리아에서 가장 유명한 동물이에요. 이 사랑스러운 동물은 평생 유칼립투스 나무 위에 살아요. 코알라는 밤에는 유칼립투스 잎을 먹고 낮에는 내내 잠을 잔답니다. 다른 동물들은 대부분 유칼립투스 잎을 소화시키지 못하기 때문에 먹지 않아요. 하지만 코알라의 몸 안에 사는 세균은 유칼립투스 잎의 기름을 안전한 물질로 분해할 수 있어요.

## 두 번째 기회

100여 년 전 오스트레일리아로 건너온 유럽인들은 숲을 불태우고 그 자리에 논밭을 만들었어요. 또 사냥꾼들은 부드러운 털을 얻기 위해 코알라를 죽였지요. 코알라는 그때 멸종할 뻔했는데, 1927년 오스트레일리아에서 코알라를 보호 동물로 지정했어요. 하지만 코알라는 산불과 인간이 퍼뜨린 전염병 때문에 지금도 위험에 빠져 있어요. 병에 걸리면 코알라는 새끼를 가질 수 없어요.

# 아웃백

아웃백은 오스트레일리아의 내륙에서 사막을 중심으로 뻗어 있는 드넓고 인구가 희박한 지역이에요. 아웃백에도 숲은 있지만, 대부분은 풀과 작은 나무 덤불만 있는 건조한 땅이지요. 아웃백은 동물이 살기 힘든 곳인데, 오스트레일리아의 독특한 야생 동물들은 이곳에서도 잘 살 수 있답니다. 캥거루나 코알라 같은 유대류는 오스트레일리아를 상징하는 동물로 유명해요. 유대류는 포유류의 한 종류지만, 다른 포유류 동물과 다르게 어미의 배에 달린 주머니에서 새끼를 키워요. 그런데 지난 200년 동안 많은 유대류 동물의 수가 줄어들었어요.

## 남방털코웜뱃

웜뱃은 굴을 파고 사는 통통한 유대류 동물로, 오스트레일리아의 동물 중에서도 특히 유명해요. 웜뱃은 아웃백에 논밭과 목장이 많이 생긴 뒤에도 살아남았지만, 지금은 그 수가 빠르게 줄어들고 있어요. 토끼와 양이 웜뱃이 즐겨 먹는 토종 풀을 먹어 치우기 때문이에요. 그 대신 농부들이 다른 지역에서 들여온 식물이 널리 퍼졌는데, 웜뱃은 외래종 식물을 소화하지 못해요. 게다가 이제는 많은 웜뱃이 피부병에 걸려 죽어 가고 있어요.

## 침입종

200년 전 유럽에서 사람들이 건너오기 전까지 아웃백에는 몸집이 큰 포식자가 둘뿐이었어요. 하나는 '딩고'라는 야생 들개고, 다른 하나는 독이 있는 왕도마뱀 '고아나'예요. 그런데 다른 지역에서 온 이민자들이 고양이, 개, 여우 같은 포식자와 양, 소, 토끼, 낙타 등을 데리고 왔어요. 이렇게 다른 지역에서 많은 동물이 들어오면서 오스트레일리아에 살던 토착 동물들은 서서히 줄어들고 말았어요.

## 노란발바위왈라비

노란발바위왈라비는 캥거루의 친척이면서 캥거루보다 몸집이 더 작은 동물이에요. 노란발바위왈라비는 아웃백에서도 바위가 많은 곳에 살며, 낮에는 동굴이나 바위 밑에 숨어서 지내요. 그러다 캄캄한 밤이 되면 밖으로 나와서 풀과 나무를 야금야금 뜯어 먹는답니다.

노란발바위왈라비는 4미터 넘게 떨어진 바위들도 한달음에 펄쩍 뛰어넘을 수 있어요.

## 풀숲무덤새

풀숲무덤새는 닭과 크기가 비슷한 새예요. 둥지를 따로 짓지 않는 대신, 흙으로 작은 언덕을 만들어 그 안에 알을 넣고 묻는 것으로 유명하답니다. 현재 멸종 위기 취약 단계로 분류되며, 야생에 약 2만 5000마리가 남아 있어요. 이 새가 줄어든 이유는 기후 변화로 산불이 자주 일어나 많은 풀과 나무가 불에 탔기 때문이에요. 풀과 나무가 사라지면 풀숲무덤새는 고아나, 여우, 고양이 같은 포식자로부터 몸을 숨기기가 어려워져요.

아웃백

- **이름:** 노란발바위왈라비
- **학명:** 페트로갈레 크산토푸스
- **몸길이:** 48~65cm
- **몸무게:** 2~9kg
- **주식:** 풀, 나뭇잎
- **수명:** 14년
- **개체 수:** 5000마리
- **주요 위협:** 외래종
- **상태:** 준위협

21

# 뉴질랜드

남태평양에 있는 섬 뉴질랜드는 8000만 년 동안 고립되어 있었어요. 그동안 다른 지역에서는 무스, 생쥐 등 여러 포유류가 번성했지만, 뉴질랜드는 새들이 지배하는 곳이었지요. 그런데 700년 전 뉴질랜드에 처음 인간이 정착한 후, 사람들이 뉴질랜드에 살던 많은 새를 멸종시켰어요. 멸종한 새 중에는 키가 크지만 날지 못하는 모아, 역사상 가장 큰 맹금류인 하스트수리가 있었어요. 지금은 뉴질랜드에 사는 신기한 야생 동물 가운데 약 80퍼센트가 멸종 위기에 놓여 있어요.

## 투아타라

투아타라는 커다란 도마뱀처럼 생긴 파충류예요. 공룡과 비슷한 시기에 진화한 파충류 가운데 마지막으로 살아남은 종이지요. 투아타라와 가까운 파충류들이 한때 전 세계에 퍼져 있었는데, 오늘날까지 살아남은 종은 뉴질랜드 해안의 작은 섬에 사는 투아타라뿐이에요. 투아타라가 사는 섬은 쥐나 다른 침입종이 없어서 안전해요. 투아타라는 번식 속도가 아주 느려서 알 하나가 부화하는 데 1년이 넘게 걸린답니다.

## 서식지가 바뀌고 있어요

뉴질랜드는 고기, 우유, 과일 같은 식품을 많이 만드는 나라예요. 그렇게 뉴질랜드 국토의 절반이 농경지로 쓰이면서 야생 동물이 살던 숲이 많이 사라졌어요. 그리고 농부들은 양과 소뿐만 아니라 고양이, 시궁쥐 같은 작은 포유류들을 뉴질랜드에 데려왔어요. 사람들을 따라 들어온 동물들 때문에 뉴질랜드에 있던 독특한 동물들이 살기 어려워졌지요.

## 야생에 풀려난 포식자들

카카포 성체는 야생에 풀려난 들고양이에게 죽임을 당하곤 해요. 또 시궁쥐와 북방족제비는 카카포의 알과 새끼를 잡아먹지요. 이 동물들은 100년 전 카카포가 살던 곳에 들어왔어요. 환경 보호 활동가들은 몇몇 섬에서 포식자들을 몰아내고 안전한 서식지를 만들어 카카포가 번식하도록 돕고 있어요. 하지만 카카포는 번식 속도가 느리기 때문에 다시 수가 늘어나려면 시간이 걸릴 거예요.

## 카카포

최근 조사에 따르면, 야생에 남아 있는 카카포는 150마리밖에 없다고 해요. 카카포는 세상에서 가장 몸집이 크고 오래 사는 앵무새 종이에요. 무려 100살까지 살 수 있답니다! 카카포는 야행성이고 날지 못하지만, 나무 위로 올라가 과일과 견과류를 먹어요. 그래서 '뉴질랜드의 다람쥐'라는 별명을 가지고 있어요.

- 이름: 카카포
- 학명: 스트리곱스 하브로프틸루스
- 몸길이: 60cm
- 몸무게: 3~4kg
- 주식: 과일, 씨앗, 뿌리, 새싹
- 수명: 50년
- 개체 수: 150마리
- 주요 위협: 외래종
- 상태: 위급

뉴질랜드

카카포는 부리 주변에 수염처럼 깃털이 나 있어요. 카카포는 이 깃털을 이용해 어두운 곳에서 길을 찾아요.

## 키위

몸집이 작고 날지 못하는 새인 키위는 뉴질랜드를 대표하는 동물이랍니다. 키위는 다섯 종이 있는데, 한 종만 빼고 전부 멸종 위기 상태예요. 키위는 야행성이어서 밤에 먹이를 사냥해요. 냄새로 먹잇감을 찾으면 기다란 부리로 땅을 파서 곤충이나 벌레를 잡지요. 키위를 위협하는 가장 큰 문제는 키위의 알과 새끼를 잡아먹는 포유류들이에요. 야생에서는 새끼 키위 중 5분의 1만 살아남을 수 있기 때문에 뉴질랜드에서는 많은 키위를 안전한 사육 시설에서 기른답니다.

# 태평양

태평양은 세계에서 가장 큰 바다로, 지구 전체의 3분의 1을 덮고 있어요. 태평양은 북극과 남극까지 뻗어 있으며, 적도 부근에서 폭이 가장 넓지요. 태평양 곳곳에는 해류와 산호초, 섬들이 만들어 낸 서식지가 많은데, 이 서식지들은 쉽게 망가질 수 있어요. 태평양에는 820종의 멸종 위기 동물이 살아요. 이곳에는 세계에서 가장 큰 해양 보호 구역이 있지만, 보호가 필요한 해역과 생물이 아직도 많답니다.

## 산호초

그레이트배리어리프는 세계에서 가장 큰 산호초 지대로, 오스트레일리아 동쪽 해안을 따라 2300킬로미터 넘게 뻗어 있어요. 산호초는 생명이 북적이는 바다 밑의 도시라고 할 수 있어요. 많은 동물이 산호초에서 안전하게 살 집을 찾는답니다. 산호초는 산호의 분비물이나 유해가 굳어서 만들어져요. 그런데 기후 변화로 바닷물이 너무 뜨거워지면 산호가 살기 힘들어지지요. 그러면 산호는 원래의 색깔을 잃고 죽어 가는데, 이를 '백화 현상'이라고 해요. 바닷물은 따뜻해질수록 산성을 띠면서 산호의 석회질 뼈대를 갉아 내요.

## 환경 오염

예전 사람들은 바다가 어마어마하게 넓기 때문에 인간이 버리는 오염물과 쓰레기가 바닷물에 섞여 없어질 거라고 생각했어요. 하지만 현재 바다 오염은 심각한 문제가 되었어요. 동북아시아와 북아메리카 사이에는 플라스틱 쓰레기 8만 톤이 떠다니는 '태평양 거대 쓰레기 지대'가 있어요. 여기에는 쓰레기가 1조 8000억 개나 있다고 해요! 바다 동물들은 플라스틱 조각을 먹이로 착각해서 삼켜요. 그리고 플라스틱은 먹이 사슬을 따라 다른 동물들한테까지 퍼지죠. 따라서 야생 동물들이 플라스틱을 먹는 것은 동물뿐만 아니라 인간에게도 해로운 일이랍니다.

## 해달의 먹이 찾기

해달은 해안 근처의 바다에서 자라는 다시마숲에 살아요. 다시마는 바다 밑에 뿌리를 내리고 사는 해조류로, 키가 크고 빨리 자라요. 해달은 다시마 잎을 따라 바닥까지 헤엄치면서 조개를 잡은 다음 물 위로 올라와요. 그렇게 가지고 온 조개를 가슴에 올려놓고 돌을 망치처럼 사용해 껍데기를 깨서 먹는답니다.

해달은 물에 떠내려가지 않게 해조류로 몸을 감고 물 위에서 잠을 자요.

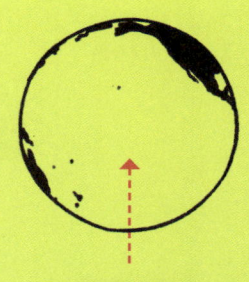

태평양

## 바다에서도 숲이 사라져요

바다에서는 해달의 수가 많이 줄어들면서 조개가 빠르게 늘어났어요. 그러자 조개들이 다시마를 먹어 치우는 바람에 다시마숲까지 사라졌지요. 듀공과 매너티의 친척이면서 몸집이 훨씬 큰 동물인 스텔러바다소도 다시마를 먹고 살았는데, 스텔러바다소는 1768년에 멸종했어요. 지금은 러시아, 캐나다, 미국의 해안에 사는 야생 해달이 다시 늘어나면서 다시마숲도 늘어나고 있어요. 하지만 이 귀여운 바다 생물은 배에서 기름이 흘러나와 바다가 오염되는 사고나 배와 부딪히는 사고 때문에 아직도 위험에 빠져 있어요.

- **이름**: 해달
- **학명**: 엔히드라 루트리스
- **몸길이**: 1~1.5m
- **몸무게**: 16~39kg
- **주식**: 조개
- **수명**: 20년
- **개체 수**: 13만 마리
- **주요 위협**: 사냥
- **상태**: 위기

### 해달

수달은 대부분 내륙에 있는 강에 살지만, 해달은 북태평양의 해안에 살아요. 그곳 바닷물은 엄청 차갑지만, 해달은 동물 중에서 가장 두꺼운 털을 가지고 있어 하루 종일 물속에서 지낼 수 있답니다. 털이 몸을 아주 따뜻하게 해 주기 때문이에요. 그런데 안타깝게도 해달의 두꺼운 털은 따뜻한 옷을 만들기에 딱 좋아요. 그래서 18세기와 19세기 사람들은 털을 노리고 해달을 마구 사냥했어요. 20세기 초에는 사냥꾼들이 해달을 거의 다 죽이는 바람에 야생에 남은 해달의 수가 2000마리 이하로 줄어들기도 했지요.

# 하와이

하와이는 사방이 수천 킬로미터나 되는 바다로 둘러싸여 있어 다른 지역에서 찾아가기가 매우 어려운 곳이에요. 하와이의 섬들은 바다 밑에 있는 화산이 폭발하면서 만들어졌어요. 이 섬들은 생긴 지 수백만 년밖에 안 됐기 때문에 하와이는 세계의 여러 다른 지역과 비교하면 나이가 적은 편이랍니다. 하와이에서 가장 큰 섬인 빅아일랜드는 겨우 43만 년 전에 생겼어요. 하와이에 사는 동물은 대부분이 새, 박쥐, 곤충이에요. 이 동물들은 바다를 건너 하와이로 날아왔지요. 인간은 1000년 전에 처음 하와이에 정착하면서 새로운 식물과 동물들을 데리고 왔어요. 하와이에서는 현재 175종의 생물이 심각한 멸종 위기에 놓여 있어요.

## 하와이몽크물범

하와이몽크물범은 다른 곳에서 볼 수 없는 아주 희귀한 포유류예요. 하와이의 섬들은 2400킬로미터에 걸쳐 흩어져 있으며, 바다 밑에는 해수면 근처까지 솟은 여러 개의 산이 있어요. 하와이몽크물범은 근처의 바다에서 물고기를 잡아먹고, 먼 바다로 나가지는 않아요. 그런데 사람들이 물고기를 마구 잡는 바람에 하와이몽크물범의 수도 서서히 줄어들었어요. 게다가 하와이몽크물범은 배에 부딪혀 다치거나 오염물을 먹거나 해변에 온 관광객들에게 쫓겨나기도 하지요. 최근 조사에 따르면 야생에는 하와이몽크물범이 600마리밖에 남지 않았다고 해요.

## 아슬아슬한 균형

하와이의 숲에는 산이 많아요. 이에 따라 100종이 넘는 육지 동물이 수백만 년에 걸쳐 이 독특한 서식지에 맞게 진화했어요. 하와이는 다른 지역에서 아주 멀리 떨어져 있어 이 동물들은 하와이에서만 볼 수 있답니다. 그런데 지금까지 그 가운데 27종이 멸종했어요. 사람들이 데려온 식물과 해충이 하와이 생태계의 아슬아슬한 균형을 바꿔 놓고, 새로운 질병을 퍼뜨렸기 때문이에요.

## 치명적인 질병

아코헤코헤는 그동안 시궁쥐 같은 포식자, 둥지를 지을 곳과 먹이를 빼앗는 외래종 새들에 맞서 싸워 왔어요. 그런데 이제 모기가 퍼뜨리는 새로운 질병 때문에 아코아코헤가 줄어들고 있어요. 환경 보호 활동가들은 사육 시설에서 아코헤코헤를 기르려고 노력했지만, 새끼들이 자꾸 죽어서 성공하지 못했어요. 아코헤코헤를 보호하는 가장 좋은 방법은 키 큰 나무가 많은 숲에서 해충을 없애고 서식지를 지키는 거예요.

## 마우이패럿빌

'키위쿠'라고도 불리는 마우이패럿빌은 고운 목소리로 우는 작은 새랍니다. 키위쿠는 갈고리 모양의 굵은 부리로 나무껍질을 벗기고 그 안에 있는 벌레를 잡아먹어요. 그런데 현재 야생에 남은 키위쿠는 500마리도 안 된다고 해요. 하와이에 들어온 멧돼지들이 나무를 죽이면서 키위쿠가 사는 숲을 망가뜨렸기 때문이에요. 남아 있는 키위쿠들은 울타리를 친 숲에 살고 있어요.

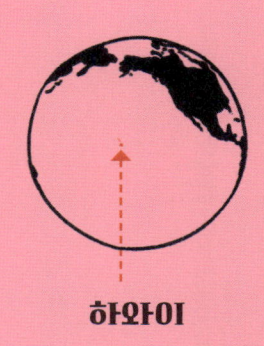

하와이

## 아코헤코헤

아코헤코헤는 머리깃꿀먹이새라고도 불려요. 하와이에 사는 이 작은 새들은 멸종 위급 단계에 있으며, 야생에 남은 아코헤코헤의 수는 2000마리밖에 안 돼요. 100여 년 전 사람들은 이 새가 멸종했다고 생각했어요. 그런데 1945년 마우이섬에서 적은 수의 아코헤코헤가 발견되었지요. 이 아름다운 새들은 숲에서 꽃의 꿀을 먹고 산답니다.

아코헤코헤는 두 눈 사이에 기다란 깃털이 자라요.

- **이름:** 아코헤코헤, 머리깃꿀먹이새
- **학명:** 팔메리아 돌레이
- **몸길이:** 17~18cm
- **몸무게:** 알 수 없음
- **주식:** 꿀
- **수명:** 9년
- **개체 수:** 2000마리
- **주요 위협:** 질병
- **상태:** 위급

# 갈라파고스 제도

적도 부근에 있는 화산섬의 무리인 갈라파고스 제도는 에콰도르 서쪽의 태평양 해안에서 900킬로미터 떨어져 있어요. 갈라파고스에 사는 야생 동물들은 과학의 위대한 발견인 진화론의 근거를 제공했어요. 1835년 영국의 생물학자 찰스 다윈이 이곳에 와서 야생 동물을 연구하고, 이를 바탕으로 진화론을 세웠답니다. 진화론은 생물이 환경 변화에 어떻게 적응하며 끊임없이 변화하는지 설명한 이론이에요. 하지만 안타깝게도 갈라파고스의 야생 동물들은 섬에 들어온 사람들이 만든 변화에 적응할 만큼 빨리 진화하지 못했어요.

## 날지 못하는 가마우지

갈라파고스가마우지는 몸집이 크고 물고기를 잡아먹는 새예요. 이들의 조상은 수천 년 전 갈라파고스로 날아왔어요. 그런데 갈라파고스의 야생에는 천적이 없었기 때문에 갈라파고스가마우지는 날아다니는 능력을 잃어버렸지요. 대신에 이 새들은 날개가 작아지면서 더 쉽게 잠수할 수 있게 되었답니다. 그 뒤 200년 전 사람들이 갈라파고스에 개를 데려오기 시작했고, 섬에 들어온 개들은 갈라파고스가마우지를 공격했어요. 현재 갈라파고스가마우지는 2000마리 정도만이 남아서 갈라파고스의 외딴곳에 살고 있어요.

## 해적의 기지

갈라파고스 제도의 야생 동물들은 찰스 다윈이 살던 시대에도 위기에 빠져 있었어요. 갈라파고스 제도는 16세기에 발견된 후 해적과 탐험가들의 기지가 되었지요. 그들은 오랫동안 항해하면서 식량으로 쓰기 위해 갈라파고스땅거북을 잡아서 배에 실었어요. 그리고 1800년대에는 사람들이 갈라파고스 제도에 정착하면서 가축과 반려동물, 농작물을 가지고 들어왔지요. 현재 환경 보호 활동가들은 그들이 데려온 침입종을 없애고 갈라파고스 제도의 토착종을 지키기 위해 노력하고 있어요.

## 바다이구아나

바다이구아나는 몸집이 크고 몸빛은 기온이 높으면 밝은색으로, 기온이 낮으면 어두운 색으로 변하는 도마뱀이에요. 도마뱀 중에서도 특이한 방법으로 먹이를 찾는데, 먼저 바위가 많은 해변으로 기어가 바다에 뛰어들어요. 그런 다음 바다 밑바닥으로 헤엄쳐 들어가서 해조류를 먹지요. 이런 식으로 먹이를 찾는 도마뱀은 바다이구아나뿐이랍니다. 20분 정도 잠수할 수 있고, 물에서 나오면 햇볕을 쐬며 몸을 데우는 바다이구아나는 기후 변화 때문에 위기에 빠졌어요. 날씨가 더워지면서 먹을 것이 줄어들어 많은 바다이구아나가 굶주리고 있답니다.

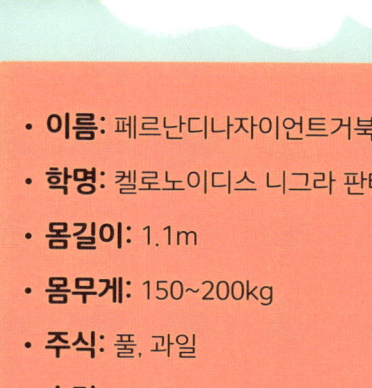

- 이름: 페르난디나자이언트거북
- 학명: 켈로노이디스 니그라 판타스티쿠스
- 몸길이: 1.1m
- 몸무게: 150~200kg
- 주식: 풀, 과일
- 수명: 170년
- 개체 수: 10마리 이하
- 주요 위협: 화산 폭발
- 상태: 위급

갈라파고스 제도

## 특이한 등딱지

다양한 종의 자이언트거북들은 저마다 특정한 서식지에 살도록 적응했어요. 건조하고 평평한 섬에 사는 자이언트거북은 키 작은 나무를 뜯어 먹어요. 이 거북들은 고개를 들어 신선한 잎을 먹을 수 있도록 등딱지가 구부러져 있어요. 반대로 습하고 산이 많은 곳에 사는 자이언트거북은 풀을 뜯어 먹어요. 이 거북들은 고개를 들어 올릴 필요가 없기 때문에 등딱지가 둥그런 지붕 모양이에요.

자이언트거북이 100미터를 가는 데는 25분이나 걸려요!

### 자이언트거북

갈라파고스는 스페인어로 '거북'이라는 뜻이에요. 갈라파고스 제도라는 이름은 사람들이 섬에 살던 자이언트거북들을 보고 지은 거예요. 다윈이 살던 시대에는 갈라파고스 제도에 16종의 자이언트거북이 살았답니다. 하지만 지금은 2종이 이미 멸종했고, 6종이 멸종 위급 단계에 있어요. 남아 있는 거북들은 알을 먹는 작은 포식자나 염소처럼 같은 먹이를 두고 경쟁하는 동물들에게 위협받고 있어요. 그중에서도 가장 큰 위험에 처한 종은 페르난디나섬에 사는 페르난디나자이언트거북으로, 야생에는 이제 다섯 마리밖에 남지 않았어요. 게다가 이 거북들은 또 다른 위협을 받고 있어요. 화산이 폭발하면서 자이언트거북의 서식지에 용암이 흘러들어 온다고 해요!

# 안데스산맥

안데스산맥은 베네수엘라의 해안에서부터 적도를 지나 남극에 가까운 파타고니아 지역까지 길게 뻗어 있어요. 산맥의 아래쪽에는 숲이 빽빽하지만, 높이 올라가면 사막처럼 춥고 건조한 지대가 나와요. 그래서 안데스산맥에서 사는 동물 가운데 가장 큰 동물이자 라마의 일종인 과나코가 사막에 사는 낙타의 친척이라는 것도 전혀 이상하지 않은 일이랍니다! 안데스산맥에 사는 동물 가운데 3분의 1은 이곳에서만 볼 수 있는 종이에요. 그중에는 몸집이 엄청나게 큰 새인 안데스콘도르도 있어요. 안데스콘도르와 안데스산맥의 다른 동물들이 살아남을 수 있도록 우리가 보호해야 해요.

## 안경곰

안경곰은 사나운 맹수가 아니에요. 몸은 검은색이고 눈 주위에 둥근 고리 모양으로 흰 털이 나 있어서 안경을 쓴 것처럼 보인답니다. 안경곰은 과일, 이끼, 곤충을 먹고, 가끔 새나 쥐를 잡아먹어요. 한때 안데스산맥 북쪽 끝에 많이 살았는데, 현재 안경곰이 살던 무성한 숲은 대부분 사라졌어요. 이제 야생에는 1만 마리도 안 되는 안경곰이 남아 있고, 그 수는 점점 줄어들겠지요. 사람들은 먹이를 찾아 마을이나 밭으로 오는 안경곰을 죽이고 있어요.

## 나쁜 이웃

인간은 수천 년 동안 안데스산맥에 살았어요. 그런데 오늘날 사람들은 안데스산맥에 사는 야생 동물에게 나쁜 이웃이 되었답니다. 농부들이 산에 계단 모양으로 밭을 만들기 위해 숲을 없애고, 농작물을 먹거나 가축을 죽이는 야생 동물을 사냥하거든요. 또 사람들은 털이나 고기를 얻기 위해 야생 동물을 죽이기도 해요.

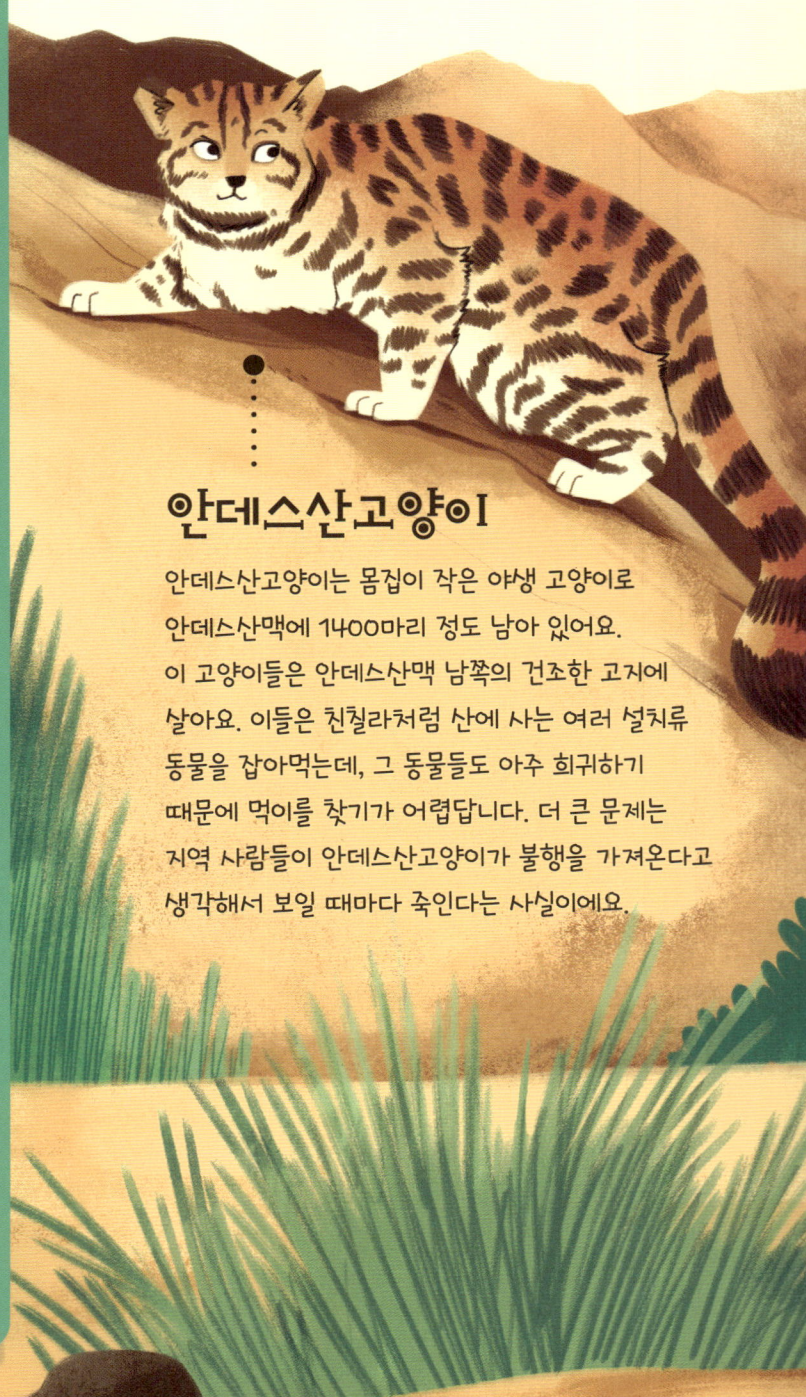

## 안데스산고양이

안데스산고양이는 몸집이 작은 야생 고양이로 안데스산맥에 1400마리 정도 남아 있어요. 이 고양이들은 안데스산맥 남쪽의 건조한 고지에 살아요. 이들은 친칠라처럼 산에 사는 여러 설치류 동물을 잡아먹는데, 그 동물들도 아주 희귀하기 때문에 먹이를 찾기가 어렵답니다. 더 큰 문제는 지역 사람들이 안데스산고양이가 불행을 가져온다고 생각해서 보일 때마다 죽인다는 사실이에요.

## 친칠라를 구해요

환경 보호 활동가들은 사육 시설에서 친칠라를 키워 야생으로 보내려고 했어요. 하지만 친칠라는 큰 무리를 이루어 살며, 수컷보다 몸집이 큰 암컷이 무리를 이끌어요. 동물원에서는 이렇게 무리를 만들어 살기 어렵기 때문에 야생으로 돌려보낸 친칠라는 거의 살아남지 못해요.

안데스산맥

- **이름:** 긴꼬리친칠라
- **학명:** 친칠라 라니게라
- **몸길이:** 25~38cm
- **몸무게:** 500~800g
- **주식:** 풀
- **수명:** 10년
- **개체 수:** 5350마리
- **주요 위협:** 반려동물 거래, 사냥
- **상태:** 위기

## 친칠라

친칠라는 생김새가 귀엽고 성격이 온순한 설치류로, 안데스산맥 높은 곳의 바위가 많고 풀이 잘 자라지 않는 들판에 살아요. 그곳은 무척 추워서 바위 틈새에 아늑한 굴을 만들어 지낸답니다. 그리고 친칠라는 동물 중에서도 털이 가장 빽빽하게 나기 때문에 몸을 따뜻하게 유지할 수 있어요. 그런데 안타깝게도 털 때문에 사냥꾼들에게 잡혀 빠르게 줄어들었어요. 친칠라의 털가죽을 사고파는 일은 불법이지만, 밀렵꾼들은 여전히 사람이 없는 외딴곳에서 야생 친칠라를 잡아요.

친칠라는 뒷다리로 쪼그려 앉아서 앞발로 풀과 씨앗을 쥐고 먹어요.

# 아마존 분지

아마존 분지는 세계에서 가장 큰 강인 아마존강이 흐르는 곳이에요. 전 세계 민물의 20퍼센트가 아마존강에 있을 만큼 거대한 강이지요. 아마존강의 물은 세계 최대의 열대 우림인 아마존 우림에서 흘러나와요. 아마존의 열대 우림에는 전 세계 모든 동물 종의 10분의 1이 산답니다. 하지만 아마존은 위험에 빠져 있어요. 해마다 1만 500제곱킬로미터(무려 서울의 17배에 달하는 크기예요!)에 이르는 숲이 사라지고 있거든요. 숲이 사라지면서 수천 종의 생물이 멸종 위기에 빠지지요. 아마존에 사는 일부 생물종은 과학자들이 발견하기도 전에 사라져 버릴지 몰라요!

- **이름:** 아마존강돌고래(보토)
- **학명:** 이니아 조프렌시스
- **몸길이:** 1.25~2.5m
- **몸무게:** 100~185kg
- **주식:** 물고기
- **수명:** 30년
- **개체 수:** 정확히 알 수 없지만 줄어들고 있음
- **주요 위협:** 고기잡이 그물
- **상태:** 위기

## 아마존강돌고래

'보토'라고도 부르는 아마존강돌고래는 바다에 사는 돌고래의 친척이지만, 두 가지 큰 차이점이 있답니다. 첫째, 보토는 아마존강의 민물에만 살아요. 둘째, 보토는 몸 색깔이 밝은 분홍색이에요! 부리처럼 길고 이빨이 가득 난 입으로 물고기를 잡아먹어요.

## 비가 오지 않는 열대 우림

아마존 같은 열대 우림은 1년 내내 따뜻하고 습해요. 이곳에는 1년에 비가 3000밀리미터나 내린답니다! 아마존의 정글 위에는 나무에서 나온 수증기가 모여 구름이 생겨요. 하지만 사람들이 나무를 베어 숲과 구름이 함께 줄어들면서 비도 더 적게 내리지요. 이렇게 비가 많이 오지 않으면 남아 있는 열대 우림도 마를 수밖에 없어요. 유일한 해결책은 더 많은 나무를 다시 심는 것뿐이에요.

## 물고기를 둘러싼 경쟁

지난 수십 년 동안 보토의 수는 빠르게 줄어들었어요. 이제 야생에 남아 있는 보토는 수천 마리밖에 안 될 거예요. 보토는 고기를 잡으면서 일어나는 사고로 죽는 일이 많아요. 고기잡이 그물에 걸려 익사하기도 하고, 보토를 큰 물고기로 착각한 어부의 작살에 찔리기도 해요. 게다가 아마존강에서 물고기를 잡는 사람이 점점 늘어나면서 강에 사는 돌고래들이 먹을 물고기가 줄어들고 있어요.

아마존 분지

## 모르포나비

열대 우림에서는 빽빽한 나뭇잎 때문에 주변이 잘 보이지 않아요. 포식자에게서 몸을 숨겨야 하는 동물들에게는 유리한 점이지요. 그런데 동물들은 포식자를 피하면서도 짝을 유혹해야 해요. 그래서 수컷 모르포나비가 녹색 나뭇잎 사이에서 눈에 띄는 밝은색을 이용해요. 수컷 모르포나비가 날개를 접고 앉아 있을 때는 다른 나비와 똑같아 보여요. 하지만 날개를 펼치며 날면 날개 위쪽이 파랗게 반짝인답니다. 날개의 파란빛은 나비가 날개를 접고 앉으면 다시 사라져요. 사람들이 이 화려한 푸른빛 나비를 잡아서 팔고, 숲을 없애면서 모르포나비의 수가 줄어들고 있어요.

## 큰수달

수달은 전 세계 여러 지역에 살지만, 큰수달은 아마존강 근처에 많이 살며 몸길이가 1.8미터에 달해요(다른 수달보다 두 배나 커요!). 사람들은 1970년대까지 부드럽고 물에 젖지 않는 털가죽을 얻기 위해 큰수달을 사냥했지만, 이후 큰수달 사냥은 불법이 되었어요. 큰수달은 강의 모래 언덕이나 강가에서 쉬는 걸 좋아한답니다. 하지만 이제 야생에는 그런 장소가 많지 않아서 큰수달의 수가 계속 줄어들고 있어요. 이제 야생에는 큰수달이 수천 마리밖에 남지 않았어요.

# 대서양림

대서양림은 브라질 동부 해안과 아르헨티나, 파라과이의 산을 덮은 열대 우림이에요. 이곳에서는 재규어, 왕아르마딜로, 여러 청개구리와 원숭이가 살았지요. 그런데 대서양림은 이제 10퍼센트만이 남아 있어요. 사람들이 농장과 대도시를 지으며 숲을 없앴기 때문이지요. 남아 있는 숲에는 아직 수백 종의 희귀한 동물이 살지만, 그들의 대부분은 멸종 위기에 놓여 있답니다.

## 사라지는 숲

대서양림의 숲은 계속 줄어들고 있어요. 벌목꾼들은 먼저 키 큰 나무들을 베어 낸 다음, 작은 나무들을 잘라 불태워요. 나무를 태우고 남은 재는 땅을 기름지게 하는 거름이 되지요. 그래서 나무를 태운 숲에는 소에게 먹일 풀밭을 만들 수 있어요. 하지만 때로는 불이 걷잡을 수 없이 퍼져서 숲을 크게 태우기도 해요. 그러다 보니 대서양림에는 군데군데 작은 숲만 남아 있고, 야생 동물들은 이곳으로 몸을 피해서 살아요. 사람들이 그 가운데 일부를 보호하고 있답니다.

## 큰개미핥기

개미핥기는 긴 혀를 이용해 개미와 흰개미를 주로 먹는 것으로 유명한 동물이에요. 개미핥기 가운데 가장 큰 큰개미핥기는 발톱으로 개미집을 부수고, 한 번에 수천 마리의 개미를 잡아먹는답니다. 나무늘보나 다른 개미핥기들과는 달리 대부분의 시간을 땅에서 보내는 큰개미핥기는 남아메리카의 숲과 초원 곳곳에서 사는데, 서식지 파괴로 멸종 위기에 놓여 있어요. 현재 대서양림에서는 큰개미핥기를 찾아보기가 매우 어렵기 때문에 전문가들은 대서양림에 살던 큰개미핥기가 이미 멸종했을지도 모른다고 걱정하고 있어요.

## 갈기세발가락나무늘보

느릿느릿 움직이기로 유명한 나무늘보는 갈고리 모양의 기다란 발톱을 이용해 하루 종일 나무에 매달려 있어요. 나무늘보는 일주일에 딱 한 번 나무에서 내려오는데, 바로 똥을 눌 때랍니다. 대서양림에 남아 있는 갈기세발가락나무늘보가 몇 마리인지는 알려지지 않았지만, 그 수는 점점 줄어들고 있을 거예요. 숲이 작게 쪼개져 나무늘보의 서식지가 나뉘면서 나무늘보들이 짝을 만나 번식하기가 어려워지고 있거든요.

## 황금사자타마린

세계에서 매우 희귀한 동물 가운데 하나인 황금사자타마린은 가파른 언덕에서 자라는 나무 위에 살며 땅에는 잘 내려오지 않아요. 이 작은 원숭이는 머리에 난 황금색 갈기 때문에 작은 사자처럼 보인다고 해서 황금사자타마린이라는 이름이 붙었답니다. 이들은 서식지인 숲이 줄어들고 사람들에게 붙잡혀 반려동물로 불법 거래되면서 위험에 빠졌어요.

대서양림

황금사자타마린은 작은 가족이 무리 지어 살아요. 옹기종기 모여 털을 손질하면서 많은 시간을 보낸답니다.

## 인공 사육

황금사자타마린은 전 세계 여러 동물원에 있어요. 사육사들은 동물원에 있는 이 원숭이들이 언젠가 야생에 돌아가기를 바라지요. 그래서 동물원에서는 황금사자타마린이 야생의 숲에 익숙해지도록 진짜 나무에서 살게 한답니다. 하지만 황금사자타마린을 풀어 주려면 먼저 서식지를 보호하고 더 많은 숲을 만들어야 해요.

- **이름:** 황금사자타마린
- **학명:** 레온토피테쿠스 로살리아
- **몸길이:** 20~36cm
- **몸무게:** 400~700g
- **주식:** 곤충, 과일
- **수명:** 15년
- **개체 수:** 3700마리
- **주요 위협:** 서식지 파괴
- **상태:** 위기

# 대서양

대서양은 세계에서 두 번째로 큰 바다예요. 지구 표면의 5분의 1을 덮고 있지요. 대서양의 동쪽에는 유럽과 아프리카가 있고, 서쪽에는 북아메리카와 남아메리카가 있어요. 사람들은 1000년 전부터 배를 타고 대서양을 항해했답니다. 그런데 그동안 고기잡이배들이 대구, 참치, 정어리 같은 물고기를 너무 많이 잡는 바람에 대서양의 먹이 사슬과 생태계가 바뀌었어요. 현재 대서양에는 산호와 바닷새 등 400여 가지 멸종 위기종이 살아요.

## 아프리카펭귄

여러분은 펭귄이 얼음으로 뒤덮인 추운 곳에만 산다고 생각할 거예요. 하지만 아프리카의 남쪽 끝에도 펭귄이 산답니다. 바로 아프리카펭귄이지요. 키가 작고 귀여운 아프리카펭귄은 '자카스펭귄' 또는 '케이프펭귄'이라고도 불려요. 그런데 사람들이 대서양의 물고기를 마구 잡아 먹이가 사라지면서 아프리카펭귄의 수가 점점 줄어들고 있어요. 먹을 것이 없으면 펭귄은 매년 새끼를 낳아 기르기가 힘들어요. 바닷가에 펭귄이 둥지를 지을 야생 서식지가 줄어드는 것도 문제예요. 현재 남아 있는 4만 마리의 아프리카펭귄은 대부분 사람이 없는 무인도에 살아요.

## 따뜻해지는 바닷물

전 세계의 큰 허리케인은 대부분 적도 부근의 따뜻한 바다에서 발생해요. 기후 변화로 바닷물이 따뜻해지면 대서양에서 더 강한 허리케인이 자주 생겨 바다에 사는 생물들을 위협할 거예요. 게다가 따뜻한 바닷물에는 찬 바닷물보다 산소가 적게 들어 있어요. 해양 동물은 물에서 산소를 얻기 때문에, 바닷물이 따뜻해지면 해양 동물이 살기 어려워져요.

## 장수거북

장수거북은 세계에서 가장 큰 거북으로, 몸길이가 2미터에 이를 정도예요. 대서양뿐만 아니라 태평양과 인도양 일부 지역에서도 볼 수 있지요. 장수거북의 수는 지난 10년 동안 빠르게 줄어들었어요. 암컷 장수거북은 해마다 같은 해변으로 돌아와 알을 낳는데, 자신이 알을 낳는 해변이 망가지거나 그곳에 건물이 생겨도 새로운 해변을 찾아가지 않아요. 장수거북은 바다에 떠다니는 플라스틱 쓰레기를 먹이인 해파리로 착각할 때가 많아요. 플라스틱을 먹은 장수거북은 목이 막히거나 병에 걸려 죽어 가요.

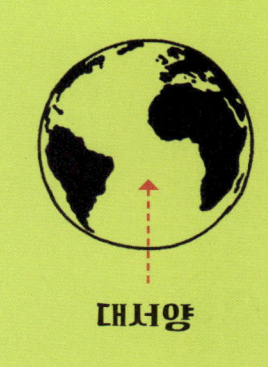

대서양

## 북대서양긴수염고래

19세기 사람들은 고래의 기름과 가죽, 수염을 얻기 위해 북대서양긴수염고래를 마구 사냥했어요. 이 고래들은 해수면 가까이에서 느릿느릿 헤엄치고, 죽으면 물 위에 뜨기 때문에 어부들이 쉽게 잡을 수 있어요. 고래잡이가 금지된 건 1980년대 이후부터지만, 북대서양긴수염고래는 그전부터 수가 워낙 적었기 때문에 사람들은 1935년부터 이 고래를 잡지 않기로 했어요.

긴수염고래의 피부에는 저마다 다른 모양의 하얀 얼룩이 있어요.

## 새로운 위협

긴수염고래는 보호를 받고 있지만, 그 수가 조금씩 줄어들고 있어요. 개체 수를 늘릴 방법을 찾지 않으면 긴수염고래는 멸종하고 말 거예요. 긴수염고래를 괴롭히는 큰 문제 중 하나는 배와 잠수함이 내는 소음이에요. 긴수염고래는 소리를 이용해 소통하기 때문에 물속에서 이상한 소리가 들리면 겁을 먹고 도망쳐요. 그러면 먹이와 짝을 찾기 힘들어지지요.

- **이름:** 북대서양긴수염고래
- **학명:** 에우발라이나 글라시알리스
- **몸길이:** 13~17m
- **몸무게:** 55,000~95,000kg
- **주식:** 플랑크톤
- **수명:** 60년
- **개체 수:** 200마리
- **주요 위협:** 배
- **상태:** 위급

# 콩고 분지

아프리카 중부 적도 부근을 흐르는 거대한 콩고강 주변에는 세계에서 두 번째로 큰 열대 우림이 있어요. 이 드넓은 열대 우림에는 약 1만 종의 동식물이 사는데, 그 가운데 3분의 1은 다른 지역에서 볼 수 없는 종이랍니다. 침팬지, 고릴라, 코끼리, 피그미하마, 영양의 한 종인 봉고 등이 대표적이에요. 그런데 이 동물들은 모두 멸종 위기에 빠져 있어요. 사람들이 나무를 베고, 금이나 다이아몬드, 광물을 캐기 위해 숲을 파괴하기 때문이지요. 콩고강 유역에 자리한 콩고 분지는 전 세계의 큰 열대 우림 중에서도 가장 잘 보존된 곳이에요. 하지만 이곳에서는 야생 동물을 보호하려는 사람들과 숲에 현대적인 도시를 세우고 농사를 지으려는 사람들이 서로 다투고 있어요.

## 오카피

키가 큰 초식 동물 오카피는 기린의 유일한 친척이에요. 오카피는 정글 깊은 곳에 혼자 살기 때문에 찾기가 매우 어렵답니다. 야생에 사는 오카피는 많게는 5만 마리, 적게는 1만 마리밖에 없을지도 몰라요. 오카피가 정확히 몇 마리나 남아 있는지는 알 수 없지만, 전문가들은 사냥과 서식지 파괴 때문에 오카피의 수가 줄어들고 있다고 확신해요.

## 부시미트(야생 동물 고기)

콩고강 주변에서는 많은 사람이 열대 우림 깊은 곳까지 들어가 나무를 베거나 광물을 캐는 일을 해요. 열대 우림에는 가게나 농장이 없고, 숲 바깥에서 음식을 가져오려면 시간이 오래 걸리지요. 그래서 열대 우림에서 일하는 사람들은 야생 동물을 잡아먹곤 해요. 이렇게 야생 동물을 잡아서 만든 음식을 '부시미트'라고 한답니다. 사람들이 먹는 부시미트는 1년에 100만 톤이 넘어요. 사람들은 주로 영양과 원숭이를 사냥하지만, 때로는 침팬지와 고릴라까지 잡아먹어요.

## 골리앗개구리

골리앗개구리는 세계에서 가장 큰 개구리로, 몸길이는 32센티미터, 몸무게는 6킬로그램까지 자란답니다. 이 개구리는 콩고 분지 서쪽에 있는 폭포들 주변의 맑은 물에 살아요. 그런데 골리앗개구리가 살기 좋은 서식지가 점점 사라지고 있어요. 골리앗개구리는 몸집이 커서 많은 고기를 얻을 수 있기 때문에 사람들에게 자주 잡아먹히거든요. 골리앗개구리의 수는 지난 15년 동안 약 4분의 1로 줄어들었어요.

# 침팬지

침팬지는 유전적으로 인간과 가장 가까운 동물이에요. 콩고 분지의 열대 우림에는 침팬지 2종이 산답니다. 우리가 흔히 아는 침팬지는 가장 널리 퍼져 있는 종이며, 콩고 분지 말고도 다른 여러 지역에서 볼 수 있어요. 예전에는 피그미침팬지라고도 불리던 보노보는 침팬지보다 몸집이 더 작고 훨씬 희귀한 종이에요. 보노보는 강으로 둘러싸인 열대 우림 깊은 곳에 살며, 서식지 밖으로 나오지 않아요.

**콩고 분지**

침팬지와 보노보는 모두 무리를 지어 살지만, 보노보는 보통 암컷이 무리를 이끌어요.

## 인간에게 위협받는 침팬지

인간은 가장 가까운 친척인 침팬지에게 가장 큰 위협을 줘요. 열대 우림에 살던 원주민들은 보노보를 귀한 동물로 여겨서 해치지 않으려 하지만, 다른 지역에서 온 사람들은 그렇지 않아요. 콩고 분지의 일부 지역에서 전쟁이 계속 벌어지자 군인들이 침팬지를 노리고 있어요. 침팬지 고기가 비싼 가격에 불법으로 거래되기 때문이에요. 콩고 분지에 위치한 나라들은 아이들이 앞으로 열대 우림의 자연을 지킬 수 있기 야생 동물이 왜 중요한지 가르치고 있어요.

- **이름:** 보노보(피그미침팬지)
- **학명:** 판 파니스쿠스
- **몸길이:** 1~1.2m
- **몸무게:** 27~61kg
- **주식:** 과일, 씨앗, 나뭇잎
- **수명:** 20년
- **개체 수:** 2만 마리
- **주요 위협:** 밀렵, 서식지 파괴
- **상태:** 위기

# 마다가스카르

거대한 섬 마다가스카르는 8800만 년 전에 다른 대륙에서 떨어져 나왔어요. 8800만 년 전이면 공룡이 살던 때랍니다! 그래서 마다가스카르에는 아주 희귀한 생물이 많아요. 마다가스카르의 동식물 가운데 90퍼센트는 다른 지역에 살지 않는 종이지요. 마다가스카르에서 가장 유명한 동물은 여우원숭이예요. 여우원숭이는 원숭이나 인간처럼 영장류에 속하지만, 생김새와 생활 방식은 전혀 달라요. 안타깝게도 사막이나 정글 같은 마다가스카르의 독특한 서식지는 쉽게 파괴될 수 있어요. 현재 마다가스카르에는 약 900종의 멸종 위기 생물이 있어요.

## 나노카멜레온

마다가스카르에는 세상에서 가장 작은 파충류인 나노카멜레온이 있어요. 이 카멜레온은 산에 있는 숲의 낙엽 사이에서 살아요. 나노카멜레온 수컷은 어른이 되어도 크기가 겨우 2센티미터밖에 안 돼요! 나노카멜레온은 다른 카멜레온과 달리 몸 색깔을 바꾸지 않아요. 낙엽 사이에 잘 숨어 있기 위해 몸을 갈색으로 유지하기 때문이랍니다. 과학자들은 이 쪼그만 동물이 어떤 위험에 빠졌는지 알아내려고 열심히 연구하고 있어요.

## 화전 농업

인간은 약 3000년 전 마다가스카르에 온 뒤, 이곳의 자연 서식지들을 파괴했어요. 인간이 온 후 마다가스카르에 있던 숲의 90퍼센트가 사라졌지요. 사람들은 '화전' 방식으로 농사를 지으려고 숲을 없애요. 화전이란 나무를 베고 불을 지른 다음 그 자리에 농사를 짓는 밭을 말한답니다. 흙을 뭉쳐 주는 나무뿌리가 없으면 흙은 금방 흩어져서 바람에 날아가거나 강물에 씻겨 내려가요. 마다가스카르의 숲은 대부분 1950년대 이후에 파괴되었어요. 현재 마다가스카르에서는 남아 있는 숲을 지키기 위해 많은 노력을 기울이고 있어요.

## 포사

포사는 마다가스카르의 야생에 사는 최상위 포식자예요. 몽구스의 먼 친척이지만, 몸집이 더 크고 몸길이가 80센티미터까지 자란답니다. 포사는 몸이 탄탄한 개처럼 생겼는데, 다리가 짧고 꼬리가 아주 길어서 나무에서 사냥할 때도 균형을 잘 잡아요. 포사는 멸종 취약 단계에 있으며, 야생에는 8000마리 정도가 남아 있어요. 야생에는 포사가 살 곳이 많지 않고, 지역 사람들이 가축을 공격하는 포사를 죽이기도 해요.

마다가스카르

## 쥐여우원숭이

베르트쥐여우원숭이는 여우원숭이 가운데 가장 작은 종이자, 세상에서 가장 작은 영장류예요. 이 여우원숭이는 몸길이가 겨우 9센티미터로 사람의 엄지손가락만 하고, 몸무게는 30그램밖에 안 된답니다. 베르트쥐여우원숭이는 인드리와 마찬가지로 숲의 서식지가 사라지면서 멸종 위급 단계에 있어요. 연구자들은 베르트쥐여우원숭이를 보호하지 않으면 2030년에는 멸종할 거라고 생각해요.

## 인드리

여우원숭이는 100여 종이 있는데, 대부분이 멸종 위기에 놓였어요. 인드리는 여우원숭이 가운데 몸집이 가장 크고 멸종할 위험도 가장 큰 종이랍니다. 인드리는 주로 높은 나무 위에서 지내며, 나뭇가지에 앉지 않고 곧게 자란 나무 몸통에 매달려 있어요. 땅으로 거의 내려오지 않고 이 나무 저 나무를 뛰어다니며, 나무가 없는 땅을 건너가지도 않아요. 그래서 숲의 나무가 사라지면 남아 있는 인드리는 점점 작아지는 숲에 갇혀서 빠져나오지 못할 거예요.

- **이름:** 인드리
- **학명:** 인드리 인드리
- **몸길이:** 60~90cm
- **몸무게:** 7~10kg
- **주식:** 과일, 나뭇잎, 꽃
- **수명:** 40년
- **개체 수:** 5000마리
- **주요 위협:** 서식지 파괴
- **상태:** 위급

인드리는 다른 여우원숭이와 달리 꼬리가 짧아요.

# 아프리카 사바나

사바나는 풀과 작은 나무로 뒤덮인 드넓은 초원이에요. 사바나는 특히 아프리카의 동부와 남부에 넓게 펴져 있지요. 사람들은 풀을 뜯는 거대한 동물 떼와 사나운 맹수들을 보러 전 세계에서 사바나로 찾아온답니다. 아프리카에서는 넓은 초원을 국립 공원으로 만들어 보호하지만, 동물들은 여전히 위험에 빠져 있어요. 사냥꾼과 밀렵꾼, 초원에서 소와 농작물을 기르려는 농부들이 사바나의 동물들을 위협해요. 사바나에 사는 코뿔소와 사자는 점점 줄어들고 있어서 언젠가는 멸종할지 몰라요.

## 아프리카들개

아프리카들개는 털에 얼룩덜룩한 무늬가 있어서 얼룩늑대라고도 불리며, 많게는 100마리까지 무리를 지어 살아요. 이 들개들은 무리 지어 다니며 사냥하고, 주로 사바나에서 가장 건조한 지역에 산답니다. 현재 사바나에 남아 있는 아프리카들개는 1400마리뿐이에요. 이들은 서식지가 아주 넓어야 새끼를 많이 낳고 잘 살 수 있지만, 이제 사바나에는 그럴 만큼 넓은 곳이 많지 않아요. 게다가 아프리카들개는 사람과 가까운 곳에 살면 가축에게서 병이 옮기도 하고, 농사를 방해한다는 이유로 사냥을 당하기도 해요. 탄자니아의 야생 동물 보호 구역에 아프리카들개 800마리가 사는데, 이 보호 구역은 스위스만큼이나 넓답니다!

## 물이 부족해요

사바나에는 비가 많이 오지 않아서 울창한 숲은 없지만, 사막이 될 만큼 비가 적게 오는 건 아니에요. 사바나에서는 건기와 우기가 번갈아 나타나는데, 사바나에서 사는 동물들은 계절에 따라 이곳저곳을 옮겨 다니며 비가 온 뒤에 자란 풀을 먹는답니다. 그런데 기후 변화로 계절의 주기가 바뀌면서 사바나 곳곳이 말라 가고 있어요. 이대로 가면 사바나의 동물들이 점점 살기 힘들어질 거예요.

## 기린

키가 6미터 가까이 자라는 기린은 세계에서 가장 키 큰 동물이에요. 기린은 긴 목을 이용해 다른 동물들이 닿지 못하는 나무 꼭대기의 깨끗한 잎을 뜯어 먹지요. 그런데 사람들이 농사를 지으려고 사바나의 나무를 없애고, 나무가 자라는 데 필요한 빗물을 밭에 물을 주는 데 쓰고 있어요. 이렇게 나무가 사라지면서 기린이 먹을 것도 없어지고 있지요. 없어지고 있어요. 야생 기린의 수는 30년 만에 절반으로 줄어들었고, 지금은 약 6만 마리가 남아 있답니다.

## 아프리카덤불코끼리

아프리카덤불코끼리는 세계에서 가장 큰 육상 동물이에요. 아프리카덤불코끼리는 얼마 전까지 아프리카코끼리라고 불렸어요. 그런데 과학자들이 아프리카코끼리에 두 개의 다른 종이 있다는 사실을 밝혀냈지요. 두 종 중 몸집이 더 큰 아프리카덤불코끼리는 탁 트인 초원에 살고, 몸집이 더 작은 아프리카숲코끼리(둥근귀코끼리)는 열대 우림에 숨어 산답니다. 두 코끼리는 모두 멸종 위기에 놓여 있으며, 아프리카숲코끼리는 멸종 위급 단계예요.

- **이름:** 아프리카덤불코끼리
- **학명:** 록소돈타 아프리카나
- **몸길이:** 2.2~4m
- **몸무게:** 2000~6000kg
- **주식:** 나뭇잎, 뿌리, 나뭇가지
- **수명:** 60년
- **개체 수:** 40만 마리
- **주요 위협:** 밀렵
- **상태:** 위기

### 아프리카 사바나

아프리카덤불코끼리의 구부러진 상아는 3.5미터까지 자라요!

### 밀렵

사바나에 사는 다른 동물들처럼 아프리카덤불코끼리는 기후 변화와 서식지 파괴로 위협받고 있어요. 게다가 밀렵꾼들이 상아를 노리고 아프리카덤불코끼리를 사냥해요. 상아를 파는 일은 오래전부터 불법이었는데, 범죄 조직들은 지금도 상아를 팔아서 큰돈을 벌지요. 무장한 경비대가 밀렵꾼을 찾으려고 보호 구역을 순찰하지만, 슬프게도 아프리카덤불코끼리의 수는 계속 줄어들고 있어요.

# 사하라사막

북아프리카를 덮고 있는 사하라사막은 면적이 900만 제곱킬로미터에 달해요. 바위와 모래로 덮인 이 사막에는 비가 1년에 몇 센티미터밖에 오지 않아요. 따라서 사하라사막에서는 생명이 살기 힘들 거라고 생각하기 쉽지만, 사하라사막은 많은 동식물의 고향이랍니다. 사하라사막에 사는 생물들은 물이 거의 없어도 살 수 있게 진화했어요. 하지만 사막의 동물들은 뿔뿔이 흩어져 있어서 작은 문제로도 숫자가 크게 줄어들 수 있어요. 사막에 사는 많은 동물은 지하수가 땅 위로 올라와서 생긴 오아시스에 의지하며 살아요. 그런데 이곳에 사는 사람들도 오아시스의 귀중한 물을 써야 하기 때문에 동물들이 먹을 물이 많지 않아요.

## 사하라치타

치타는 세계에서 가장 빠른 동물로 잘 알려져 있지요. 사냥감을 쫓는 치타는 무려 시속 128킬로미터까지 달릴 수 있답니다! 치타는 네 가지 아종이 있는데, 그 가운데 세 종이 아프리카에 살아요. 그중 하나인 사하라치타는 털이 보얀 흰색에 가깝고, 반점의 크기가 작다는 특징이 있어요. 사하라치타는 멸종 위급 단계에 있으며, 야생에는 몇 백 마리밖에 남지 않았어요. 가장 큰 문제는 서식지에 치타의 먹잇감이 많지 않다는 거예요!

## 지나친 방목

오래전에는 사하라사막에 비가 더 많이 내렸어요. 그런데 자연스러운 기후 변화로 서서히 건조해지다가 인간의 활동으로 더 빨리 건조해졌지요. 사람들은 사막 밖에서 염소나 낙타처럼 방목하는 가축을 데려왔고, 사막에 살던 사자와 치타를 죽이기 시작했어요. 그렇게 포식자들이 사라지자 방목하는 가축이 빠르게 늘어나 널리 퍼지면서 눈에 보이는 풀을 전부 먹어 치웠어요. 식물의 뿌리는 흙을 뭉쳐 주는 역할을 하는데, 풀이 줄어들자 사막의 흙은 말라서 모래가 되기 시작했지요. 사하라사막은 지금도 해마다 계속 넓어지고 있답니다.

## 아프리카야생당나귀

가축으로 키우는 당나귀는 전 세계 어디서나 볼 수 있지만, 그 친척인 야생 당나귀는 원래 사하라사막 동쪽에서 왔어요. 현재 아프리카야생당나귀는 주로 에리트레아와 북부 에티오피아에 살며, 법으로 보호를 받아요. 하지만 야생에 남은 당나귀는 200마리도 안 되고, 그마저도 수가 계속 줄어들고 있어요. 지역 사람들은 당나귀 뼈로 국을 끓여 먹기 위해 야생 당나귀를 죽여요. 당나귀 뼈가 폐 질환, 요통 등 여러 질병에 효과가 있다고 생각하기 때문이래요.

## 뿔을 노리는 사냥꾼들

아닥스는 달리기가 아주 빠른 편은 아니에요. 그 대신에 포식자를 만나면 기다란 나선형 뿔로 찔러서 몸을 지킨답니다. 사냥꾼들은 사하라사막 깊은 곳까지 들어가 아닥스를 죽이고, 그 뿔을 장식품으로 만들어요. 아닥스는 현재 야생에 60마리 정도 남아 있고, 대부분은 사막에서 가장 외딴곳에 살아요. 그리고 동물원에는 700마리가 넘는 아닥스가 살고 있어요.

사하라사막

- **이름:** 아닥스
- **학명:** 아닥스 나소마쿨라투스
- **몸길이:** 1.5~1.7m
- **몸무게:** 60~125kg
- **주식:** 풀, 키 작은 나무
- **수명:** 25년
- **개체 수:** 60마리
- **주요 위협:** 사냥
- **상태:** 위급

아닥스의 발굽은 단단하지 않고, 걸을 때는 더 넓적해져서 모래에 깊이 빠지지 않아요.

## 아닥스

아닥스는 사막에 잘 적응한 영양의 한 종류예요. 아닥스는 풀과 나뭇잎에서 필요한 물을 얻기 때문에 물을 마시지 않아도 괜찮답니다. 아닥스의 털은 여름이 오면 흰색에 가깝게 변해서 사막의 뜨거운 햇빛을 반사해요. 반대로 추운 겨울에는 털이 열을 흡수하기 위해 진한 색으로 바뀌지요. 아닥스는 다른 영양들보다 다리가 짧아서 사막의 울퉁불퉁한 모래 언덕과 바위가 많은 땅을 쉽게 지나다닐 수 있어요.

# 지중해 서부

지중해의 기후는 여름에는 뜨겁고 건조하며, 겨울에는 습한 것이 특징이에요. 이런 기후에서는 초원 군데군데 작은 숲이 있는 '모자이크' 모양의 서식지가 생긴답니다. 인간은 5만 년 전부터 이곳에 살면서 염소나 양 같은 가축을 들여와 자연의 모습을 바꿔 놓았어요. 오늘날 인간의 활동은 지중해의 서식지를 전보다 더 빠른 속도로 바꾸고 있어요.

## 산불이 주는 피해

지중해에서 자라는 나무들의 잎은 색이 진하고 기름기가 있어서 열과 햇빛에 잘 견뎌요. 그 대신 지중해의 나무들은 불에 약하지요. 지중해의 숲에는 때때로 불이 나지만, 가끔씩 나는 불은 죽은 나무를 없애고 땅에 영양분을 준답니다. 하지만 지금은 기후 변화로 산불이 자주 일어나면서 숲에 큰 피해를 주고 있어요. 산불이 너무 자주 나면 숲은 되살아나기 힘들 만큼 망가져요. 그러면 나무들이 다시 자라는 데 아주 오랜 시간이 걸릴 거예요.

## 피레네데스만

데스만은 두더지의 친척이에요. 러시아에 서식하는 러시아데스만과 피레네산맥 산악 지대에 서식하는 피레네데스만의 두 종류가 있어요. 이들은 지하 생활에 알맞게 진화한 두더지와 달리 수생 생활에 특화된 종으로, 물갈퀴가 잘 발달되어 있어요. 그래서 피레네데스만은 두더지처럼 땅 밑에 살지 않고, 산에 있는 차가운 호수를 헤엄치며 먹이를 찾는답니다. 이 특이한 동물은 계속 숫자가 줄어들면서 멸종 위기에 빠졌어요. 2000년부터 지금까지 피레네데스만의 수는 절반 정도로 줄어들었지요. 가뭄으로 피레네데스만이 사는 호수의 크기가 작아졌고, 사람들이 산에 있는 강에 댐을 지어 서식지의 환경을 바꿔 놓았기 때문이에요.

## 바르바리마카크

바르바리는 북아프리카의 해안 지역을 가리키는 옛말이에요. 바르바리마카크는 이 지역의 건조한 숲에 사는 원숭이 종이고요. 그런데 바다 건너 유럽 대륙 서쪽 끝에 있는 이베리아반도 남쪽의 지브롤터에도 작은 개체군이 있어요. 바르바리마카크는 유럽에 사는 유일한 야생 원숭이랍니다. 지브롤터에 사는 마카크들은 보살핌을 잘 받고 있지만, 북아프리카에 사는 마카크들은 수가 많이 줄어들어서 2만 마리밖에 남지 않았어요. 사람들은 나무를 베어 장작으로 쓰거나 농사를 짓기 위해 마카크들이 사는 숲을 없애고 있어요.

# 멸종 위기에 빠진 스라소니

이베리아스라소니는 숲에서 혼자 먹이를 사냥하지만, 야생의 서식지가 줄어들면서 이베리아스라소니가 살 곳도 사라지고 있어요. 더 큰 문제는 수많은 야생 토끼가 병에 걸려 죽으면서 스라소니의 먹잇감이 없어졌다는 거예요. 그래서 한때는 이베리아스라소니가 야생에서 완전히 사라지기도 했답니다. 하지만 이후 사람들이 건강한 토끼가 사는 보호 구역을 만들고, 동물원에서 기르던 이베리아스라소니를 다시 이곳으로 보냈어요. 이베리아스라소니의 수는 아직도 매우 적지만, 조금씩 늘어나고 있어요.

지중해 서부

## 이베리아스라소니

스라소니는 유럽의 야생에 사는 고양잇과 동물 가운데 가장 큰 동물이에요. 북유럽과 동유럽에 사는 스라소니들은 몸집이 큰 편이지만, 포르투갈이나 스페인, 프랑스 남부의 숲에 사는 이베리아스라소니는 그보다 몸집이 작아요. 이 지역은 옛날에 '히스파니아'라고 불렸는데, 히스파니아는 '토끼가 많은 땅'이라는 뜻이에요. 지금 우리가 반려동물로 키우는 토끼들은 바로 이 지역에 살던 야생 토끼의 후손이랍니다. 그리고 이베리아스라소니는 주로 토끼를 잡아먹는 특수종이에요. 이베리아스라소니가 건강하게 살려면 하루에 토끼 한 마리를 먹어야 해요.

이베리아스라소니는 덥수룩한 수염과 귀에 난 털 덕분에 수풀에 잘 숨을 수 있어요.

- **이름**: 이베리아스라소니
- **학명**: 링스 파르디누스
- **몸길이**: 80~130cm
- **몸무게**: 11~15kg
- **주식**: 토끼
- **수명**: 10년
- **주요 위협**: 질병
- **상태**: 위기

# 유럽의 원시림

**1만** 2000여 년 전 마지막 빙하기가 끝난 뒤, 유럽 대부분의 지역은 상록 침엽수와 낙엽 활엽수가 뒤섞인 숲으로 덮여 있었어요. 그런데 이 오래된 숲은 오늘날 중부 유럽과 동부 유럽에 조금밖에 남지 않았어요. 사람들이 큰 나무를 잘라 목재로 쓰고 평평한 땅에다 밭을 만들면서 오랫동안 숲을 없앴지요. 이제는 남아 있는 원시림마저 점점 줄어들고 있어요. 이곳에 사는 동물들은 숲이 없으면 살아남지 못할 거예요.

## 숲을 둘러싼 선택

큰 나무는 건물을 짓는 데 쓰는 귀중한 자원이지만, 나무가 다 자라려면 수백 년이 걸린답니다. 유럽에서는 원시림의 크고 오래된 나무들을 어떻게 해야 할지를 놓고 자주 논쟁이 벌어져요. 어떤 사람들은 나무를 잘라 목재로 팔면서 숲을 이용해야 한다고 말해요. 또 어떤 사람들은 원시림을 보존해야 한다고 말하지요. 정치 지도자들은 사람들의 이야기를 듣고 원시림을 어떻게 하면 좋을지 결정해야 해요.

## 유럽사슴벌레

유럽사슴벌레는 유럽에 사는 곤충 중에서도 몸집이 아주 큰 편이에요. 몸길이가 7센티미터까지 자라지요. 사슴벌레라는 이름은 수컷의 길고 끝이 갈라진 턱이 사슴뿔을 닮았다고 해서 붙여졌답니다. 수컷 사슴벌레는 이 턱을 먹이를 먹을 때가 아니라 짝짓기를 위해 다른 수컷과 싸울 때 무기로 써요. 큰사슴벌레라고도 알려진 유럽사슴벌레는 주로 밤에 활동하며, 나무의 수액이나 과일을 먹어요. 그리고 통통한 사슴벌레 유충(새끼)은 땅 밑에서 식물의 뿌리를 먹거나 죽은 나무에 굴을 파서 살지요. 유럽에서는 원시림이 줄어들면서 사슴벌레도 위협을 받고 있어요.

## 붉은청서

청서는 다람쥐의 친척으로, 청설모라고도 불려요. 오래전 유럽의 숲에는 털이 붉은색인 청서만 살았답니다. 그런데 1870년대에 몸집이 더 큰 회색청서가 북아메리카에서 영국으로 처음 들어왔고, 1940년대에는 유럽 대륙으로도 건너갔어요. 회색청서는 먹이를 더 많이 먹고 더 빨리 번식하기 때문에 붉은청서의 서식지를 서서히 빼앗으며 유럽 동쪽으로 퍼졌지요. 붉은청서는 활엽수 숲에는 여전히 많이 살지만, 침엽수 숲에서는 점점 줄어들고 있어요.

## 사냥으로 멸종한 비젠트

야생에 살던 마지막 비젠트들은 제1차 세계대전(1914~1918년) 이후 사냥꾼들에게 죽임을 당했어요. 동물원에는 일부 남아 있었지만, 야생에서는 멸종하고 말았지요. 그런데 1951년 사람들이 동물원에서 보호하던 비젠트들을 비아워비에자 숲으로 돌려보냈어요. 비아워비에자 숲은 폴란드와 벨라루스 국경에 걸쳐 있는 원시림 보호 구역이에요. 이곳에서는 비젠트를 잘 돌보며 밀렵꾼에게서 보호하고 있답니다. 비젠트의 수는 점점 늘어나고 있으며, 환경 보호 활동가들이 계속 비젠트를 돕는다면 앞으로 더 많아질 거예요.

유럽의 원시림

비젠트는 아메리카들소보다 털이 짧아요.

**비젠트**

- **이름**: 비젠트
- **학명**: 비손 보나수스
- **몸길이**: 2~3m
- **몸무게**: 800~1000kg
- **주식**: 풀
- **수명**: 20년
- **개체 수**: 2500마리
- **주요 위협**: 숲 파괴
- **상태**: 준위협

비젠트는 유럽에서 가장 몸집이 큰 야생 동물로, 유럽들소라고도 불려요. 버펄로라고도 불리는 아메리카들소의 가까운 친척이며, 전 세계 농장에서 키우는 가축 소의 먼 친척이랍니다. 비젠트는 한때 동유럽의 초원과 숲에서 풀과 작은 식물을 먹고 살았어요.

# 북극 해빙

북극해는 거의 1년 내내 바닷물이 얼어서 생긴 얼음인 '해빙'으로 덮여 있어요. 얼음은 물보다 가벼워서 해빙은 바닷물 위에 떠 있고, 그 아래 차가운 물에는 많은 바다 생물이 살아요. 북극곰, 바닷새, 북극여우 같은 북극의 동물들은 한동안 해빙 위에서 지내며 먹이를 사냥한답니다. 하지만 기후 변화로 북극의 해빙이 줄어들면 이곳의 동물들은 살기가 어려워질 거예요.

## 그린란드상어

캐나다, 그린란드, 아이슬란드 등 북대서양의 깊은 바다에 사는 그린란드상어는 차디찬 물속을 아주 느린 속도로 헤엄쳐 다녀요. 상어 가운데 가장 추운 지역에 살지요. 이 상어는 수명이 수백 년에 이르지만, 번식 속도가 느리기 때문에 멸종 취약 단계로 분류된답니다. 그린란드상어는 한때 고기와 기름을 얻으려는 사람들에게 사냥당했지만, 지금은 고기잡이 그물에 걸려 죽는 일이 더 많아요. 북극의 빙하가 줄어들고 어부들이 북쪽 더 멀리까지 고기를 잡으러 나가면서 실수로 상어를 잡는 일이 많아졌어요. 바닷속에 그린란드상어가 얼마나 남아 있는지는 알 수 없지만, 그 수는 점점 줄어들고 있을 거예요.

## 해빙이 녹고 있어요

인간의 활동으로 지구 전체의 기온이 높아지고 있어요. 그중에서도 북극이 가장 빨리 따뜻해지고 있지요. 하얀 얼음은 빛과 열을 반사하므로 햇빛을 받아도 쉽게 녹지 않아요. 북극의 해빙은 대부분 하얀기 때문에 차가운 상태를 유지할 수 있지만, 기후 변화로 겨울에도 바닷물이 잘 얼지 않으면서 해빙의 면적이 줄어들고 있어요. 하얀 해빙이 줄어들고 날씨가 따뜻해지면, 해빙이 녹는 속도는 더욱 빨라질 거예요.

## 바다코끼리

힘이 세고 몸집이 큰 바다코끼리는 바다 밑의 돌과 진흙을 코로 뒤지고 다니면서 조개를 잡아먹어요. 그러다 휴식이 필요할 때는 엄니를 갈고리처럼 이용해서 해빙 위로 기어 올라오지요. 바다코끼리는 해빙 위에서 짝을 찾고 새끼를 낳지만, 해빙이 없을 때는 바닷가로 찾아간답니다. 그런데 많은 바다코끼리가 한꺼번에 바닷가로 몰려들면 새끼 바다코끼리들이 덩치 큰 어른들에게 깔려 죽기도 해요. 북극에는 바다코끼리 11만 마리가 남아 있지만, 그 수는 점점 줄어들고 있어요.

## 기후 변화의 위협

여러분은 세계에서 가장 크고 사나운 포식자가 멸종 위기라고 하면 이상하다고 생각할지 몰라요. 하지만 기후 변화로 북극곰의 사냥터인 해빙이 줄어들면서 북극곰들은 어쩔 수 없이 내륙으로 떠나고 있어요. 북극곰에게 내륙은 너무 더운 데다가 눈으로 덮여 있지 않아서 북극곰의 털이 위장 효과를 잘 내지 못한답니다. 때로는 먹이를 찾는 북극곰이 마을에 나타나는데, 북극곰은 매우 위험한 맹수여서 다가오는 곰을 사람들이 총으로 쏘아 죽여요.

북극 해빙

북극곰의 털은 하얀색으로 보이지만, 사실은 투명해요. 북극곰은 이 털 덕분에 눈과 얼음 위에서 몸을 위장할 수 있어요.

### 북극곰

북극곰은 해빙 위에서 살도록 적응한 동물이에요. 북극곰의 털은 속이 비어 있고 투명해서 몸의 열이 빠져나가지 않게 막아 줘요. 또 북극곰은 후각이 매우 뛰어나서 해빙 아래 있는 바다표범의 냄새를 맡을 수 있답니다. 북극곰은 보통 바다표범이 숨을 쉬러 얼음 구멍으로 올라올 때까지 기다렸다가 잡아먹어요. 때로는 얼음을 앞발로 세게 내리쳐 물속에 있는 바다표범을 낚아채기도 해요!

- **이름**: 북극곰
- **학명**: 우르수스 마리티무스
- **몸길이**: 1.8~2.5m
- **몸무게**: 200~800kg
- **주식**: 바다표범, 바닷새
- **수명**: 30년
- **개체 수**: 2만 6000마리
- **주요 위협**: 기후 변화
- **상태**: 취약

# 디프사우스

미국의 남동부에는 디프사우스라고 불리는 넓은 지역이 있어요. 디프사우스는 따뜻하고 습해서 울창한 숲과 키가 큰 풀로 뒤덮인 초원이 많답니다. 또 이 지역에는 미시시피강 같은 큰 강들이 있어요. 강에서 나온 물은 해안 근처에 있는 평평한 저지대로 흘러가 습지를 만들지요. 그리고 습지 곳곳에는 해먹이라고도 불리는 활엽수 숲이 섬처럼 솟아 있어요. 디프사우스의 풍요로운 서식지는 미시시피악어, 아르마딜로, 진홍저어새 같은 희귀한 동물 수십 종의 고향이에요. 이 동물들이 멸종하지 않게 막으려면 디프사우스의 아름다운 서식지들을 보호해야 해요.

## 습지가 물에 잠겨요

기후 변화로 지난 50년 동안 디프사우스의 평균 기온이 1도 올랐어요. 2100년이 되면 이 지역의 기온은 지금보다 4도 더 오를 거예요. 날씨가 따뜻해지면 비가 많이 내리면서 강물이 불어나고, 습지에 더 많은 물이 흘러 들어가지요. 습지에 사는 동물들은 마른땅이 있어야 둥지와 굴을 만들 수 있으므로 이것은 심각한 문제랍니다. 게다가 더 큰 허리케인이 발생하고 해수면이 높아지면, 짠 바닷물이 강을 거슬러 올라가 습지의 강물과 섞일 거예요.

## 워리어민물홍합

워리어민물홍합은 미국 앨라배마주의 블랙워리어강에 사는 조개랍니다. 이 조개는 멸종 위급 단계에 있으며, 야생에는 겨우 수십 마리만 남아 있을지도 몰라요. 워리어민물홍합은 강물이 얕고 물살이 빠른 곳에 사는데, 이는 지역 사람들이 마실 물과 전기를 얻기 위해 블랙워리어강에 댐을 지으면서 강이 더 깊어진 탓이에요.

## 붉은늑대는 다시 자연으로 돌아갈 수 있을까요?

농부들은 가축을 공격한다는 이유로 오래전부터 늑대를 죽였어요. 그래서 1960년대까지는 붉은늑대의 수가 매우 적었지요. 지금은 사육 시설에서 붉은늑대를 키우며 엄격하게 보호하고 있어요. 붉은늑대의 서식지였던 곳에는 이제 코요테들이 살고 있는데, 붉은늑대와 코요테는 서로 짝짓기를 해서 새끼를 낳을 수 있어요. 따라서 붉은늑대의 종을 제대로 보존할 수 있을 때까지는 보호 구역에서 관리해야 해요.

- **이름:** 붉은늑대
- **학명:** 카니스 루푸스
- **몸길이:** 1~1.3m
- **몸무게:** 20~40kg
- **주식:** 작은 포유류
- **수명:** 5년
- **개체 수:** 25마리
- **주요 위협:** 침입종
- **상태:** 위급

디프사우스

붉은늑대는 회색늑대보다 날씬하고 다리가 더 길어요.

## 붉은늑대

붉은늑대는 흔히 늑대 하면 생각나는 회색늑대의 친척이지만, 그보다 몸집이 더 작고 훨씬 희귀한 종이랍니다. 붉은늑대는 미국 테네시주와 노스캐롤라이나주의 숲과 습지에 살아요. 붉은늑대가 먹이를 사냥하면서 잘 지내려면 넓은 서식지가 필요해요. 붉은늑대는 한곳에서 10일 정도 사냥하면 다른 곳으로 이동하는 습성이 있기 때문이지요.

## 미시시피흙파는쥐개구리

이 개구리는 디프사우스의 고지대에 있는 숲에 살아요. 이 숲은 1년의 많은 기간 동안 건조한데, 개구리는 항상 몸을 축축하게 유지해야 해요. 그래서 미시시피흙파는쥐개구리는 땅 밑으로 들어가 건조한 시기가 지나가기를 기다린답니다. 이 개구리의 수는 점점 줄어들고 있어요. 이 개구리들이 집을 짓는 데 쓰는 작은 식물들은 숲에 가끔씩 불이 나야만 자랄 수 있는데, 사람들이 디프사우스의 숲에 불이 나지 않게 보호하고 있기 때문이에요. 환경 보호란 이렇게 다양한 요소들을 헤아려야 하는 복잡한 일이랍니다!

# 멕시코

멕시코는 뜨거운 사막, 높은 산에 자리한 숲, 찌는 듯한 정글 등 다양한 환경의 서식지가 있는 거대한 나라예요. 그래서 멕시코에는 온갖 동식물의 보금자리가 있으며, 지구 생물종의 약 10분의 1이 멕시코에 산답니다. 그런 만큼 멕시코에는 인간의 활동으로 쉽게 망가질 수 있는 생태계가 많은 셈이에요. 우리가 보호해야 할 생물만 2500종이 넘는답니다. 멕시코에는 국립 공원과 야생 동물 보호 구역이 수십 개나 있지만, 멕시코의 숲과 다른 서식지들은 지금도 계속 파괴되고 있어요.

## 아홀로틀

아홀로틀은 멕시코의 수도인 멕시코시티의 몇몇 호수에서만 사는 도롱뇽이에요. 이 신기한 도롱뇽은 멸종 위급 단계에 있어요. 야생에는 겨우 수백 마리만 남아 있지요. 아홀로틀은 옛날에 이 지역을 다스리던 아즈텍인의 말로 '물에 사는 괴물'이라는 뜻이에요. 아홀로틀은 평생 물속에 살며 아가미로 숨을 쉬기 때문에 물 밖에서는 살 수 없어요. 그런데 지난 수백 년 동안 아홀로틀이 사는 습지들이 줄어들거나 쪼개졌고, 몇몇 서식지에는 물고기 포식자들이 들어왔어요. 환경 보호 활동가들은 포식자를 몰아내고 귀중한 습지를 되살려서 아홀로틀이 다시 늘어날 수 있게 하기 위해 노력을 기울이고 있답니다.

## 기나긴 역사

멕시코의 자연환경은 유럽인들이 정착한 후 500여 년 동안 심각한 위협을 받았어요. 유럽인들은 다른 지역에서 여러 동식물을 들여왔고, 이 외래종들은 멕시코의 생태계를 바꾸기 시작했지요. 그 결과 멕시코의 자연환경은 크게 훼손되었고, 자연 서식지들은 잘게 쪼개졌어요. 환경 보호 활동가들은 남은 서식지들을 다시 연결해 멕시코 전체를 가로지르는 야생 지대를 만들려고 노력하고 있어요.

## 먹이 경쟁

멕시코의 코수멜섬은 인기 있는 관광지예요. 사람들은 이 섬의 해변에 호텔을 짓기 위해 피그미라쿤이 사는 숲을 조금씩 없애고 있어요. 게다가 피그미라쿤은 라쿤과 먹이를 두고 경쟁해야 해요. 피그미라쿤보다 몸집이 두 배나 큰 라쿤이 최근에 코수멜섬에 들어왔거든요. 피그미라쿤에게는 심각한 상황이에요. 다행히 사람들이 피그미라쿤을 위해 행동에 나서고 있답니다. 지난 10년 동안 환경 보호 활동가들이 야생 고양이, 개, 시궁쥐처럼 피그미라쿤과 먹이를 두고 경쟁하고 피그미라쿤을 죽이기도 하는 침입종을 몰아냈어요. 언젠가는 피그미라쿤이 안전하게 지낼 날이 올 거예요.

- **이름:** 피그미라쿤
- **학명:** 프로키온 피그마이우스
- **몸길이:** 75~100cm
- **몸무게:** 3~3.5kg
- **주식:** 씨앗, 곤충, 개구리
- **수명:** 15년
- **개체 수:** 190마리
- **주요 위협:** 서식지 파괴
- **상태:** 위급

피그미라쿤은 뒷발로 일어서서 앞발로 주변에 있는 것들을 만질 수 있어요.

멕시코

## 피그미라쿤

라쿤은 북아메리카에서 흔히 볼 수 있는 친근한 동물이에요. 영리하고 호기심이 많으며, 먹이를 크게 가리지 않아요. 그래서 라쿤은 사람이 많은 도시처럼 자연 서식지가 아닌 곳에서도 살 수 있지요. 하지만 피그미라쿤은 멕시코 남부의 카리브 해안에 있는 코수멜섬에만 살며, 생존에 어려움을 겪고 있어요.

## 바키타

바키타는 세계에서 가장 작은 쇠돌고래 종으로, 몸길이가 1.3미터까지밖에 자라지 않는답니다. '바다의 판다'인 바키타는 엄청나게 희귀한 포유류이며, 멕시코 서부 해안의 길고 좁은 칼리포르니아만에 18마리밖에 없다고 해요. 바키타는 고기잡이 그물에 걸려 익사하는 일이 많아서 멸종 위급 단계에 놓여 있어요. 위험한 그물을 써서 고기를 잡는 일은 2017년에 법으로 금지되었지만, 바키타의 수가 다시 늘어날지는 알 수 없어요.

# 미국 서부

미국 서부는 대부분 건조한 지역이에요. 태평양에서 온 비구름이 바닷가 근처의 숲이 우거진 산에 비를 뿌리기 때문에 산 너머에 있는 언덕과 평원에는 비가 잘 오지 않거든요. 하지만 이렇게 건조한 지역에도 흥미로운 동물들이 산답니다. 그중에는 달리기가 빠른 가지뿔영양과 포식자인 퓨마가 있어요(퓨마는 쿠거, 산사자라고도 불려요). 안타깝게도 미국 서부에 사는 많은 동물이 심각한 위협을 받고 있어요. 아주 희귀한 새인 캘리포니아콘도르도 그 가운데 하나예요.

## 자이언트캥거루쥐

캥거루쥐는 캥거루처럼 긴 다리로 폴짝폴짝 뛰어다니는 모습 때문에 붙여진 이름이에요. 자이언트캥거루쥐는 캥거루쥐 가운데서도 몸집이 가장 큰 종으로, 몸길이가 20센티미터까지 자라고 꼬리는 몸통보다 길답니다. 이 캥거루쥐는 밤이면 캘리포니아의 사막을 뛰어다니며 먹을 씨앗과 풀을 모아요. 자이언트캥거루쥐의 수는 건조한 서식지가 파괴되거나 논밭으로 바뀌면서 점점 줄어들고 있어요. 캘리포니아 남부에 있는 보호 구역에서는 그나마 안전하지만, 그 외에 다른 곳에서는 자이언트캥거루쥐가 점점 사라지고 있어요.

## 우연히 독을 먹는 콘도르들

캘리포니아콘도르의 수가 줄어든 이유는 크게 두 가지예요. 하나는 DDT라는 살충제 때문이에요. 농부들이 벌레를 죽이기 위해 밭에 DDT를 뿌렸어요. 그런데 DDT의 부작용으로 새들이 낳는 알의 껍데기가 얇아지고 깨지기 쉬워졌지요. 그 결과 알에서 부화하는 콘도르 새끼의 수가 줄어들었어요. 그와 동시에 성체 콘도르들은 납 중독으로 죽어 갔어요. 캘리포니아콘도르는 사슴이나 오리 같은 동물의 사체를 먹는데, 이 동물들의 사체에 사냥꾼이 쏜 납 총알이 남아 있어서 사체를 먹은 콘도르가 납에 중독된 거예요.

## 물 문제

미국 서부의 환경 문제는 대부분 물과 관련이 있어요. 이 지역에서는 대도시에 물과 에너지를 공급하기 위해 강에다 댐을 지었어요. 댐을 짓자 강들은 더 깊고 잔잔해졌고, 얕고 물살이 빠른 강에 살던 동물들은 살 곳을 잃어버렸지요. 게다가 강에 외래종 물고기들이 들어와 토착종들이 살 곳을 빼앗았어요. 염분이 많은 강물을 가져다 논밭에 물을 주는 것도 문제예요. 그러면 강물이 증발한 뒤에도 흙에 염분이 남아요. 그래서 이 지역은 점점 염분이 많은 땅으로 변하고 있어요. 이것은 자연 생태계에 좋지 않은 일이에요.

- **이름**: 캘리포니아콘도르
- **학명**: 김노깁스 칼리포르니아누스
- **몸길이**: 110~140cm
- **몸무게**: 9~11kg
- **주식**: 썩은 고기
- **수명**: 45년
- **개체 수**: 93마리
- **주요 위협**: 오염 물질
- **상태**: 위급

미국 서부

## 야생으로 돌아가는 콘도르

캘리포니아콘도르는 사육장에서 키워 처음으로 야생으로 돌려보낸 멸종 위기 동물이랍니다. 이 보호 계획은 30년 넘게 계속되었고, 캘리포니아콘도르의 수는 조금씩 늘어나고 있지요. 납 총알로 동물을 사냥하는 일은 법으로 금지되었어요. 하지만 야생에 사는 콘도르들은 농부들이 코요테를 잡기 위해 독을 넣어 놓은 고기를 먹고 죽기도 해요.

## 캘리포니아콘도르

콘도르는 친척인 독수리처럼 죽은 동물을 먹어요. 그래서 콘도르는 먹잇감을 사냥하지 않고 죽은 동물을 찾아다닌답니다. 캘리포니아콘도르의 수는 20세기에 들어서 빠르게 줄어들었고, 1970년대에는 20마리밖에 남지 않았어요. 그러자 사람들이 멸종을 막기 위해 캘리포니아콘도르를 잡아서 안전한 동물원에 살게 했어요.

콘도르는 머리와 목에 털이 없어서 죽은 동물을 먹어도 몸이 더러워지지 않아요.

# 멸종한 동물들

멸종은 자연스러운 진화의 한 부분이에요. 과거 지구에 살았던 거의 모든 동물이 지금은 멸종했어요. 공룡, 삼엽충, 털매머드 등이 그 예지요. 그 가운데 많은 동물이 대멸종 사건이 벌어지면서 사라졌어요. 대멸종은 지구 전체에 엄청난 재난이 닥치면서 수많은 생물종이 한꺼번에 멸종하는 사건을 말해요. 최소 열한 차례에 걸쳐 생물이 멸종한 사건 가운데 규모가 큰 다섯 차례의 멸종을 말하며, 마지막 대멸종은 6500만 년 전에 일어났어요. 이 사건으로 공룡과 다른 대형 파충류들이 대부분 사라져 버렸답니다.

## 또 다른 대멸종이 일어날까요?

인간이 과학적인 방법으로 전 세계의 생물을 조사하기 시작한 후, 700종이 넘는 생물이 인간의 활동으로 멸종했다는 사실을 확인했어요. 예를 들어 도도는 인간에게 사냥을 당해서 멸종했어요. 또 캐롤라이나앵무가 사라진 이유의 하나는 유럽인들이 미국으로 들여온 꿀벌 때문이었어요. 꿀벌이 캐롤라이나앵무가 둥지를 틀던 속이 빈 나무를 차지했거든요. 안타깝게도 인간의 활동으로 지구의 생물들이 멸종하는 속도가 점점 빨라지고 있어요. 전문가들은 이렇게 많은 동물이 사라지는 것은 또 다른 대멸종이나 다름없는 일이라고 걱정해요. 오른쪽의 동물들은 지구상에서 영영 사라져 이제는 볼 수 없는 동물들이에요.

## 큰바다쇠오리

큰바다쇠오리는 날지 못하는 바닷새로, 얼핏 보면 펭귄을 닮았어요. 하지만 남반구에 사는 펭귄과 달리 큰바다쇠오리는 북대서양에 살면서 먼 바다로 나가 물고기를 사냥했답니다. 대서양의 섬에 살던 사람들은 큰바다쇠오리의 고기와 부드럽고 따뜻한 깃털을 노리고 이 새를 마구 잡았지요. 큰바다쇠오리의 수는 곧 빠르게 줄어들었고, 1852년에 발견된 것을 마지막으로 완전히 사라졌어요.

## 포클랜드늑대

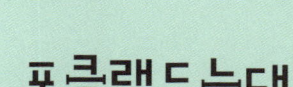

포클랜드늑대는 이름과 달리 실제로는 여우와 가까우면서 몸집이 큰 갯과 동물이었답니다. 1833년, 포클랜드 제도에 간 찰스 다윈은 이 동물이 곧 멸종할 거라고 말했어요. 그 지역의 농부들이 포클랜드늑대가 양을 해친다고 생각해서 닥치는 대로 죽였거든요. 포클랜드늑대는 결국 1876년에 멸종하고 말았어요.

## 오록스

거대한 야생 소 오록스는 오늘날 농장에서 키우는 가축 소들의 조상이랍니다. 오록스는 유럽과 아시아의 숲과 초원에 살았고, 1627년 폴란드에 살던 마지막 야생 오록스가 죽으면서 멸종했어요.

## 태즈메이니아주머니늑대

태즈메이니아호랑이라고도 불리는 이 동물은 오스트레일리아에 살던 포식자로, 1936년에 멸종했어요. 농부들이 개를 닮은 이 유대류 동물이 가축에 해를 끼친다고 생각해서 총으로 쏴 죽였어요.

## 푸에르토리코후티아

푸에르토리코후티아는 기니피그(모르모트)의 친척으로, 카리브해의 푸에르토리코와 히스파니올라섬에 살았어요. 이 설치류 동물은 스페인 사람들이 이 지역에 정착한 지 몇 년 뒤인 1525년에 멸종했어요. 스페인 사람들과 함께 들어온 곰쥐가 푸에르토리코후티아를 죽이고 먹이를 전부 빼앗아 먹었지요.

## 도도

도도는 비둘기의 친척으로, 몸집이 크고 날지 못하는 새예요. 이 새가 왜 도도라고 불리게 되었는지는 아무도 모른답니다. 도도가 살던 인도양의 모리셔스섬에는 원래 포식자가 없었기 때문에 도도는 다른 동물들을 봐도 무서워하지 않았어요. 안타깝게도 도도는 모리셔스섬에 온 유럽의 선원들을 보고도 겁내지 않고 다가갔고, 배고픈 선원들에게 쉽게 잡혔지요. 도도는 결국 1688년에 멸종하고 말았어요.

59

# 환경 보호

지금까지 함께 전 세계를 돌며 동물들의 안타까운 이야기를 살펴보았어요. 세상에는 심각한 멸종 위기에 빠져서 지금 당장 도움이 필요한 동물이 많아요. 기후 변화와 서식지 파괴가 나쁘다는 것은 잘 알지만, 문제는 계속 심해지고 있지요. 하지만 희망을 잃지는 말아요! 전 세계 곳곳에 멸종 위기 동물들을 구하기 위해 노력하는 사람들이 많아요. 그런 사람들을 환경 보호 활동가라고 하며, 이들은 동물을 지키기 위해 늘 계획을 세우고 있답니다.

## 환경 보호란 무엇일까요?

환경 보호 활동가는 멸종 위기종을 구하거나 보존하는 방법을 찾는 일을 해요. 이런 일을 하려면 먼저 멸종 위기 동물의 생활 방식을 연구하고, 무엇이 그 동물의 생존을 위협하는지 알아야 해요. 그런 다음에는 그 지역에 사는 다른 동물을 위협하거나 주민의 생활을 방해하지 않는 보호 계획을 세워야 하지요. 하지만 계획을 잘 세우더라도 그 동물이 멸종 위기에서 벗어나 안전해지려면 오랜 시간이 걸릴 수 있답니다. 그럼 지금부터 환경 보호 활동가들이 사용하는 몇 가지 전략을 알아볼까요?

## 법 만들기

법은 멸종 위기 동물을 보호하는 유용한 도구랍니다. 대표적인 예가 사이테스(CITES) 협약이에요. 세계 여러 나라가 이 협약을 맺으면서 멸종 위기 동물을 사냥하거나 멸종 위기 동물의 몸 부위를 파는 일을 법으로 금지했어요. 이 협약으로 만들어진 국제법은 상아와 뿔 때문에 사냥당하던 코끼리와 코뿔소를 보호하는 데 도움을 주었지요. 하지만 코끼리의 상아와 코뿔소의 뿔은 아직도 비싸게 팔려요. 그래서 어떤 사람들은 법을 어겨 감옥에 가는 일이 있더라도 코끼리와 코뿔소를 사냥하려고 해요.

## 유전자 활용

과학자들은 유전 공학을 활용해 한 동물의 유전자를 다른 동물의 유전자 집합에 집어넣을 수 있어요. 환경 보호 활동가들은 언젠가 이런 기술을 활용해서 멸종한 동물의 유전자를 되살릴 수 있을 거라고 생각해요. 이를테면 과학자들은 '멸종 복원'이라는 과정을 거쳐 털매머드를 유전적으로 되살리려 하고 있답니다.

## 인공 사육

인공 사육은 어떤 동물의 개체 수가 너무 많이 줄어들어서 야생에 내버려 두면 멸종할 위험이 클 때 사용하는 방법이에요. 보통은 충분한 공간과 시설이 있다면 사육 시설에서 많은 동물을 기르기는 어렵지 않아요. 하지만 판다 같은 몇몇 동물은 새끼를 낳는 데 아주 오랜 시간이 걸리지요. 사육 시설에서는 동물들이 자연 서식지로 돌아간 뒤에도 잘 지낼 수 있도록 최대한 야생에 가까운 환경을 만들어 준답니다.

## 침입종 퇴치

'생물적 방제'는 서식지를 빼앗는 침입종을 없애는 강력한 도구랍니다. 예를 들어 환경 보호 활동가들은 먼저 침입종이 살던 야생 서식지를 찾아가서 침입종을 죽이는 질병을 찾아내요(보통은 곤충이 이런 질병을 퍼뜨려요). 그런 다음에 이 질병을 옮기는 곤충을 침입종이 들어온 새 서식지에 풀어놓아 침입종만 공격하도록 해요. 이렇게 해서 침입종이 병에 걸려 죽으면, 그 서식지에 살던 토착종만 남을 수 있어요.

## 야생 동물 보호 구역

야생 동물 보호 구역은 육지나 바다에 사는 동물을 보호하기 위해 규칙을 만들어 놓은 지역이에요. 보호 구역은 사람들이 돈을 내고 야생 동물을 보러 오는 관광지가 되기도 하지요. 보호 구역에서는 이 돈을 동물들의 미래를 위해 쓴답니다.

# 용어 사전

**개체군**
특정 지역에 사는 같은 종의 동물 집단. 한 동물 종에는 보통 따로 떨어진 여러 개체군이 있다.

**다양성**
다양함의 정도. 지구에는 수백만 종의 유기체가 살기 때문에 지구의 생명체는 다양성이 아주 높다. 지구의 모든 생물종은 멸종할 수 있다.

**민물(담수)**
강과 호수의 물처럼 소금기가 많지 않은 물.

**대륙**
지각의 한 덩어리를 덮고 있는 엄청나게 넓은 땅. 지구에는 현재 아시아, 아프리카, 유럽, 남아메리카, 북아메리카, 남극, 오스트레일리아까지 일곱 개의 대륙이 있다.

**맹그로브**
전 세계 따뜻한 지역의 얕은 바다에서 해안을 따라 자라는 나무. 맹그로브의 뿌리는 바다 밑바닥까지 자라 내려가며, 보통 바닷물에 잠겨 있다.

**먹잇감**
포식자가 잡아먹으려고 노리는 동물.

**멸종**
어떤 생물종의 개체가 모두 죽어서 완전히 사라짐.

**밀렵**
법으로 보호하는 동물을 사냥하는 일.

**뼈대**
동물의 몸이 형태를 갖추고 힘을 낼 수 있게 하는 단단한 틀. 파충류와 다른 대형 육지 동물들은 몸 안에 대부분이 뼈로 이루어진 뼈대가 있다.

**살충제**
농작물과 가축에 해를 끼치는 벌레를 죽이는 화학 물질.

**생태계**
같은 서식지에 살면서 서로를 의지해 살아가는 식물, 동물, 유기체 집단.

**서식지**
동물과 식물이 사는 장소. 모든 서식지는 특징과 환경이 저마다 다르다.

**설치류**
앞니가 날카롭고 꼬리가 길며 몸집이 작은 포유류 동물. 설치류는 어디서나 흔히 볼 수 있다. 시궁쥐, 생쥐, 다람쥐는 모두 설치류에 속한다.

**세균**
현미경으로만 볼 수 있는 아주 작은 유기체. 세균은 지구의 어디에나 살며, 동물의 몸속, 특히 내장에서도 찾을 수 있다. 세균 중에는 병을 일으키는 것도 있지만, 소화에 도움을 주는 것도 있다.

**스텝**
유럽과 아시아의 일부 지역에 걸쳐 있는 거대한 초원 지대.

**아종**
한 종의 생물 가운데 다른 개체들과 구별되는 몇 가지 특징을 가진 개체 집단.

**야행성**
밤에 활동하고 낮에 자는 동물을 이르는 말.

**열대 우림**
1년 내내 따뜻하고 습한 열대 지방에서 발달하는 나무가 우거진 숲.

**영양**
몸집이 크고 긴 다리로 빨리 달릴 수 있는 포유류 동물. 대부분 아프리카에 살며, 모든 영양의 수컷은 뿔이 있다.

**위장**
동물이 포식자나 먹잇감의 눈에 띄지 않도록 몸의 색이나 형태를 이용해 주변 환경에 몸을 숨기는 일.

**유기체**
생명체를 달리 이르는 말.

**유전자**
생명체가 어떻게 성장하고 몸을 구성하는지를 알려 주는 정보 단위. 모든 유기체는 특정한 유전자 집합을 가지고 있다.

**종**
생김새가 매우 닮고, 비슷한 방식으로 사는 동물 집단. 같은 종의 개체끼리는 번식할 수 있다.

**청소동물**
생물의 사체 등을 먹는 동물.

**침입종**
새로운 서식지에 정착해 토착 생물의 자리를 빼앗는 동물. 침입종은 보통 인간을 따라 다른 지역으로 이동한다.

**파충류**
몸에 비늘이 있는 동물의 한 종류. 뱀, 도마뱀, 거북이, 공룡 등이 있다.

**포식자**
다른 동물을 사냥해서 잡아먹는 동물.

**포유류**
새끼에게 젖을 먹이며, 거의 항상 몸에 털이 나 있는 동물.

**피그미**
특정 동물 가운데 몸집이 작은 종을 이르는 말.

**환경 보호 활동가**
멸종 위기 동물이나 희귀한 유기체와 서식지를 보호하는 일을 하는 전문가.

# 찾아보기

가마우지 28
가비알 13
갈라파고스 제도 28, 29
개구리 38, 53
개미핥기 34
곰 10, 30, 51
과나코 30
그레이트배리어리프 24
기린 42
기후 변화 7, 28, 36, 42, 46, 50~52
긴수염고래 37
나노카멜레온 40
나무늘보 34
눈표범 10, 11
뉴질랜드 22, 23
늑대 52, 53, 58
다시마숲 24, 25
대서양림 34, 35
대서양 36
디프사우스 52, 53
데스만 46
도도 59
독수리 22
돌고래 17, 32, 33
듀공 16, 17
들개 42
라쿤 5, 54, 55
레서판다 11
마다가스카르 40, 41
마우이패럿빌 27
마코르 11
맹그로브 숲 16
멕시코 54, 55
멸종 4, 5, 26, 49, 58, 59
모르포나비 33

모아 22
몸 부위 거래 7, 10, 12
몽크물범 26
물고기 남획 17, 26, 36
미국 서부 56, 57
바다코끼리 50
바르바리마카크 46
바키타 55
북극 50, 51
북극곰 51
보노보 39
보토 32, 33
부시미트 7, 38, 39
붉은청서 48
비젠트 49
사바나 42, 43
사슴벌레 48
사이가 8, 9
사이테스 협약 60
사하라사막 44, 45
산불 19, 46
산호 24
상어 17, 50
실러캔스 59
서식지 파괴 6, 8, 10, 12, 16, 22, 30, 42, 46, 56
수달 24, 25, 33
스라소니 47
시궁쥐 5, 6, 26, 56
쌍봉낙타 9
아닥스 45
아마존 분지 32, 33
아웃백 20, 21
아코헤코헤 26, 27
아홀로틀 54
안경곰 30

안데스산고양이 30
안데스산맥 30, 31
야생당나귀 44
야생 동물 보호 구역 12, 61
여우원숭이 40, 41
열대 우림 12, 14, 15, 32~34, 38, 39, 43
염소 6, 11, 29, 44
오록스 59
오염 물질 16, 24, 26
오카피 38
왈라비 20, 21
워리어민물홍합 52
원숭이 35, 38, 46
원시림 48, 49
웜뱃 20
유라시아 스텝 8, 9
유전 공학 60
유칼립투스 숲 18, 19
이구아나 28
인공 사육 35, 61
인도 12, 13
인드리 41
일반종 5, 6
자연 선택 6
자이언트거북 29
장수거북 36
적색 목록 5
특수종 5
쥐여우원숭이 41
지나친 방목 44
지중해 46, 47
진화 6, 28
치타 44
침팬지 38, 39
친칠라 30, 31

침입종 6, 20, 22, 28, 54, 61
카카포 22, 23
캥거루쥐 56
코끼리 43
코알라 18, 19
콘도르 56, 67
콩고 38, 39
쿠올 18
큰바다쇠오리 58
키위 23
태즈메이니아호랑이 59
태즈메이니아주머니늑대 59
태평양 24, 25
태평양 거대 쓰레기 지대 24
투아타라 22
펭귄 17, 36
포사 40
풀숲무덤새 21
하와이 26, 27
햄스터 8
호금조 18
호랑이 12, 13
후티아 59
환경 보호 60, 61
황금사자타마린 35
히말라야산맥 10, 11